U0036876

寒山．拾得．豐干

風狂三聖僧

高僧小說系列｜精選

林淑玟　著 ◆ 劉建志　繪

智慧與慈悲的分享

聖嚴法師

小說，是通過文學的筆觸，以說故事的方式，表現人性之美，所以稱爲文藝作品。它可以是寫實的，也可以是虛構的，但它必定是與人心相應，才會獲得讀者的喜愛與共鳴。

高僧的傳記，是眞有其人、實有其事的眞實故事，也是通過文字的技巧，以敍述介紹的方式，將高僧的行誼，呈現在讀者的眼前，也是屬於文學類的作品，只是缺少小說那樣戲劇性的氣氛。

高僧的傳記，以現代人白話文體，加上小說的表現手法，那就顯得特別生動而富於趣味化了。我從小喜歡文學作品的原因，是佩服它有高度的說服力，並且能使讀者印象深刻，歷久不忘，並且認爲高深的佛法，經過文學的表現，就能普及民間，深入民心，達成化世導俗的效果。我們發現諸多佛經的體裁，是用小品散文、長短篇小說，以及長短篇的詩偈寫成的。

近代已有人用白話文翻譯佛經，也有人以語體文重寫高僧傳記，但尚未有人以小說及童話的方式來重寫高僧傳記。故在《大藏經》中雖藏有極豐富的歷代高僧傳記資料，市面上卻很難見到。我們的法鼓文化事業股份有限公司，爲了使得故典的原文很容易地被現代的讀者接受，尤其容易讓青少年們喜愛，而從高僧傳記之中，分享到他們的智慧及慈悲，所以經過兩年多的策畫運作，推出一套「高僧小說系列」的叢書，選出四十位高僧的傳記，邀請到當代老、中、青三代的兒童文學作家群，根據史傳資料，用他們的生花妙筆、豐富的感情、敏銳的想像，加上電影蒙太奇的剪接技巧，以現代小說的形式，生動活潑地呈現到讀者的面前。這使得歷史上的高僧群，都回到我們現代人的生活中來，陪伴著我們，給我們智慧，給我們安慰，給我們健康，給我們平安。

這套叢書的主要對象是青少年，但它是屬於一切人的，是超越於年齡層次的佛教讀物。

我要在此感謝參與這套叢書編寫出版的全體工作人員，包括編者、作者、畫家、審核者、校對者、發行者，由於他們的努力，才能有這項成果奉獻在廣大的讀者之前。也請諸方先進和所有的讀者，多給我們鼓勵和指教。

一九九五年四月八日晨
序於台北法鼓山農禪寺

推薦序

人生要通往哪裡？

蔡志忠

「只有死掉的魚，才隨波逐流！」

人生是件簡單的事，是我們自己把它弄得很複雜的。

魚從來都不思考：

「水是什麼？

水為何要流？

水為何不流？」

這些無謂的問題。

魚只有一個最簡單的問題：

「我要不要游？
如何游？
游到哪裡？
游到那裡做什麼？」
人常自陷於無明的憂鬱深淵，無法跳脫出來。
人也常走進一條沒有出口的道路，
才發現原來這根本不是自己的人生之道。
兩千五百年前，佛陀原本也自陷於
人生的痛苦深淵……，經過六年的
修行思考，佛陀終於覺悟出：
「什麼是苦？
苦形成的次第過程？
如何消滅苦？
通往無苦的解脫自在之道。」

這也就是苦生、苦滅，一切因緣生的「三法印」、「緣起法」、「四聖諦」、「八正道」，所有攸關於人產生煩惱痛苦的原因和達到解脫、自在、清淨境界、彼岸之道的修行方法。

佛陀在世時，傳法四十五年，佛滅度後，佛陀的思想由他的弟子們傳承到後世，成為今天的佛教。在佛教的發展過程中，留下了許多動人的高僧故事。

除了《景德傳燈錄》記載著所有禪宗各支歷代高僧學佛得道的故事之外，《大藏經》五十卷的〈高僧傳〉、〈續高僧傳〉裡也記載很多歷代大師傳記典故；此外，還有印度、西藏、日本等地大師的故事。通過閱讀過去大德諸賢的故事，可以讓我們對人生的迷惘問題得到啓發。

胡適說：

「宗教要傳播得遠，

佛理要說得明白清楚，

都不能不靠白話來推廣。」

這套高僧小說也繼承這使命，以小說的方式講述高僧的故事。讓讀者能透過這些歷代高僧的故事，得以啓發人生大道。相信做爲一個中華民族的後代，身在儒、釋、道思想的傳統文化背景下，如能透過高僧小說多了解佛教思想，對自己未來人生之路的導引和思考，必定能獲得很大的益助。

一首首醒世的詩歌

經過時代的變遷，寒山的詩目前留存有三百多首，拾得的詩偈有五十餘首，但卻備受爭議。有人認爲閭丘胤的〈天台三聖詩集序〉，全是怪力亂神之說。也有人主張，這些詩偈都是後人僞造的，即使是閭丘胤這號人物，也是虛構的。但是趙滋藩先生經過考據後，卻相信，雖然寒山、拾得及豐干三位僧人的生平，在史書上沒有記載，可是閭丘胤這個名字，確實出現在清康熙六十一年所出版的《歷代官制——台州職官題名錄》中，所以他在〈寒山子其人其詩〉一文中說：

「關於寒山子的行狀，見於同時代人的記載者，首推閭丘胤的〈天台三聖詩集序〉，寒山、拾得的詩，能夠不在竹木石壁、村墅人家廳壁，或土地堂壁上滅沒，得以流傳後世，閭丘胤實居首功，而道翹也功不可沒……。這是歷史的目擊者所作的第一手記錄與見證，其可信度，不應等閒視之。」

有了趙先生的支持，寒山、拾得的詩可以理直氣壯地流傳下去，也是這一本書可以寫出來的最主要原因。

至於寒山、拾得及豐干的眞實身分，是不是就如書中所說，或是附會傳說，就留待各位大讀者、小讀者自己去參究囉！

01

上山找菩薩

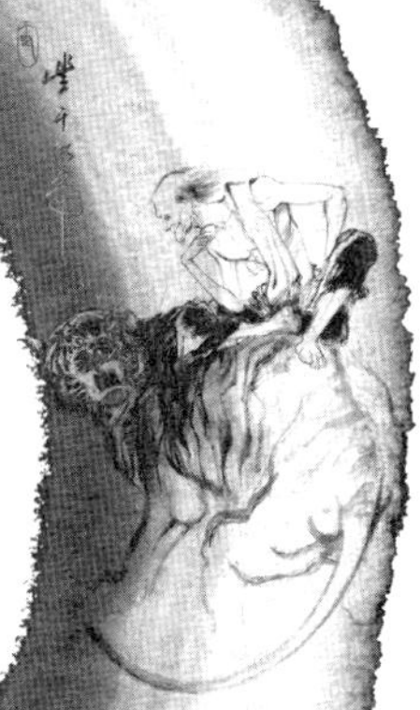

雖已是晚春的早晨，空氣還冷冽得很，因爲夜裡寒冷而在葉尖上形成的露珠，隨著早晨的微風，輕輕滾動。可是，那一列奔往天台山國清寺的隊伍，卻是個個滿頭大汗。他們因爲劇烈喘息而呼出的白氣，和天台山飄渺氤氳的雲氣，似乎結合在一塊兒了。讓人搞不清楚，到底圍繞在身旁的騰騰霧氣，是山氣？還是汗氣？

隊伍裡的每個人，沿著石階，腳不沾地似的，迅速地往上爬升，很快地又越過一個小山頭。在輕微的山風中，除了傳來腳步移動的沙沙聲，和粗重的喘息聲外，林間的鳥兒早就被這一群隊伍嚇跑了，不再發出喧譁的鳴叫，把偌大的山野讓給這支趕路的隊伍。

「快！再快一點！」

這道命令，出自四人大漢所扛的轎子。由聲音可以判斷，裡面的人很急，巴不得立刻飛抵國清寺。

到底是何等的急事？需要如此地趕路？

沒有人敢露出些許的不快，只有加快腳步，眨眼間又消失在另一個山坳的

轉角。

國清寺，位於天台山麓，是中土著名古刹，也是天台宗的發祥地。

早在魏晉南北朝時，天台山就享有盛名，有名的大文學家王羲之、顧愷之、謝靈運……等，都曾慕名到此山來遊賞。有一名爲孫綽的縣令，還特別作了一首〈天台山賦〉，極力讚美天台山的美景，可見天台山的確是個奇靈異秀之地。而國清寺位在群峰環繞之中，寺的北方是八桂峰，東北是靈禽峰，東南有祥雲峰，西南有靈芝峰，西北則爲映霞峰，地理位置極佳，顯得特別幽靜。

所以，當那群匆忙的隊伍衝進國清寺的三門時，寺裡的僧眾都嚇壞了，有人四處奔逃，有人楞在原地，不知所措。幸好，有幾個機靈的小沙彌，趕緊通報住持，請出道翹法師。

寬袍大袖的道翹法師，襯著及胸的白鬍鬚，大步地來到三門，穩穩地合掌說道：「阿彌陀佛！殿外不是說話的處所，請施主進來坐坐。」

四名大漢放下轎子，隊伍裡的人全恭敬地站在一旁。其中，有一個管家模樣的人，彎腰屈膝地快步走上前，輕輕挑起轎簾。

首先，一雙方頭大皀靴出現在大家的眼前。隨著目光的移動，大家看到一個身著藏青絲緞長衫的大漢，走出轎來。這大漢大約四、五十歲年紀，長得方頭大耳，舉手投足間，有官老爺的氣派。可是，他的眉宇之間，卻隱隱約約地露出不安和煩躁，眼神也顯得游移不定。

道翹法師往旁邊一站，長袖子一揮：「施主，請——。」

來到客室，兩人坐定，小沙彌上過茶後，道翹法師開口：「請問施主尊姓大名？到國清寺有何指教？」

大漢回答：「我是台州新任刺史閭丘胤，想到貴寺尋人！」

台州刺史！這可是皇帝詔令直派的官兒，位置不小呢！可是聽到這樣的自我介紹，道翹法師眉毛抬都不抬一下，繼續問：「不知太守要尋的是什麼人？」

閭太守拱拱手：「請問貴寺可有一位豐干禪師？」

這會兒，道翹法師的眉毛抽動了一下。

「寺裡是有一位豐干禪師，但是此刻雲遊四方去了。」

閭太守連忙再拱拱手，緊追著問：「那麼，寒山、拾得在嗎？」

豐干伏虎

現在，道翹法師張大了嘴，眼睛睜得老大，失去原有的穩重，結結巴巴地問：「請……請問太守，找……這三位做什麼？」

是啊！難怪道翹法師露出這般吃驚的模樣，任誰聽了，也會失態的，因爲豐干、寒山和拾得三位，在國清寺是出了名的瘋僧，爲什麼朝廷命官微服出巡，指定要找這三位呢？是這三位在外面闖了什麼禍事，要這老住持出來收拾殘局？還是他們的瘋癲行爲引起官府的注意？或是……到底有什麼特殊的因緣？

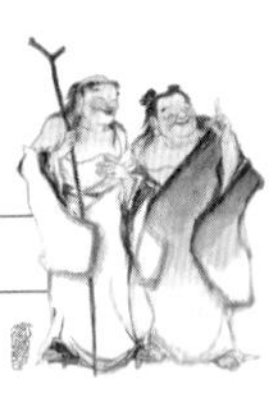

02 眞假菩薩

話說閭丘胤太守頻頻詢問豐干、寒山和拾得的行蹤，搞得道翹法師又驚又怕。

沒想到，閭太守一聽道翹法師的回答，眉間的煩憂一掃而光，滿面欣喜地說：「老法師的意思，這三位菩薩眞的在這兒？」

三位菩薩？這句話可又把道翹法師搞得一頭霧水了。

雖然佛經上說，現在的眾生未來都會成佛，所以對於眾生，佛門習慣以菩薩來稱呼，可是對這三位尊稱菩薩，似乎有點兒教人不太習慣。因爲這三位當中，如果要說道行，大概只有豐干還有那麼一點兒，因爲他沒事兒就騎著老虎跑來跑去。這世間，敢騎老虎的畢竟沒幾個，若沒有點道行，老虎也不會讓他騎。雖然，他停留在國清寺時，會爲僧眾舂米，但是大部分的時間，他都是騎著老虎在山裡蕩來蕩去，誰也不知道他到底在哪裡？

至於拾得，來歷就更稀奇了，他是豐干在鄉間小路撿到的。豐干騎著老虎把他帶回國清寺時，這小娃兒騎在虎背上，和老虎玩得正高興呢！

豐干把小娃兒交給道翹法師時，說：「不曉得是哪家人丟的，留在這兒。

若有人來認，就讓他領回去。」

道翹法師問：「叫什麼名字，知道嗎？」

豐干回答：「是我在路上拾得的，就叫他拾得吧！」

所以「拾得」這樣的名字，就被叫住了。而他只不過是個小沙彌，怎能夠被稱爲菩薩呢？

而這之中，讓國清寺僧眾最不能忍受的，大概就屬寒山了。首先，是他的打扮：一頭長髮、一頂樺樹皮做的帽子、一身破長衫、一雙大木屐，一副無家可歸的流浪漢模樣，讓衣著整潔的僧眾，看得很不習慣。然後，是他的行爲！常常看他不知從哪兒冒出來，或是站在寺院的長廊對空叫罵，或是指著來往的僧眾喃喃低語；要不就是拿著筆，到處亂寫著似詩似偈的句子，惹得大家很不耐煩，最後被轟了出去。

雖然國清寺的僧眾很不歡迎寒山，可是拾得卻和寒山很投緣，常常把廚房裡的剩菜剩飯留下，裝在竹筒子裡，讓寒山帶回去吃。有時，他們會躲在廚房裡，嘰嘰咕咕地說些大家聽不懂的話，一起哈哈大笑；要不就是手牽著手，滿山遍野長嘯呼號，一副自得其樂的樣子，讓寺僧恥於與他們爲伍。

所以，他們三位被閭太守尊稱爲菩薩，眞是教人難以信服！

但是，閭太守根本沒注意到道翹法師的表情，興致高昂地請求：「可不可以請老法師，帶我去見見寒山和拾得兩位菩薩？」

道翹法師看他從剛剛的憂惱，轉變成爲喜悅，實在不忍掃他的興，只好勉強起身：「請隨我來！」

卻說，他們走到門外，才發現門外擠了一群僧眾，大家全露出好奇的表情。道翹法師不便說什麼，只有領頭走在前面，後面跟著閭太守，和一大串好奇的僧眾，浩浩蕩蕩地往廚房走去。

他們還沒到廚房，遠遠的，就聽到有兩人的嘻笑聲，從廚房傳來。立刻，閭太守一個箭步，越過道翹法師，趕到前頭，首先鑽進廚房。

只見灶下蹲著一個小沙彌，和一個衣衫破舊的人，兩人對著灶裡跳躍的火光，比手畫腳、呵呵地笑著，彷彿火裡有什麼好看的事物。

看到這兩位狀似瘋癲的人，閭太守二話不說，立刻跪倒在地，嘴裡大聲地

呼喊：「下官閭丘胤，頂禮兩位大士！」

火爐前的兩個人，看到這突如其來的動作，沒有露出驚訝的表情，反而笑得更大聲：「你弄錯了！這裡沒有大士，這裡只有大火！」

閭太守跪在地上：「您們兩位就是，請受弟子頂禮三拜！」

兩個人互相牽著手，從灶前站起來，笑得東倒西歪：「誰說的？誰說的？」

閭太守沒敢起來，繼續跪在地上回答：「弟子在長安時，受豐干禪師的囑咐，到台州來以後，一定要來禮拜兩位大士。」

「多嘴的豐干！多嘴的豐干！」

寒山和拾得嚷著，同時快步出廚房，穿過那一幫吃驚的僧眾，跑往後山，眨眼間就消失了蹤影，只留下他們的話音：「豐干饒舌！豐干饒舌！彌陀不識，禮我何爲？」

及漸行漸遠的笑鬧聲……。

03

菩薩的身世

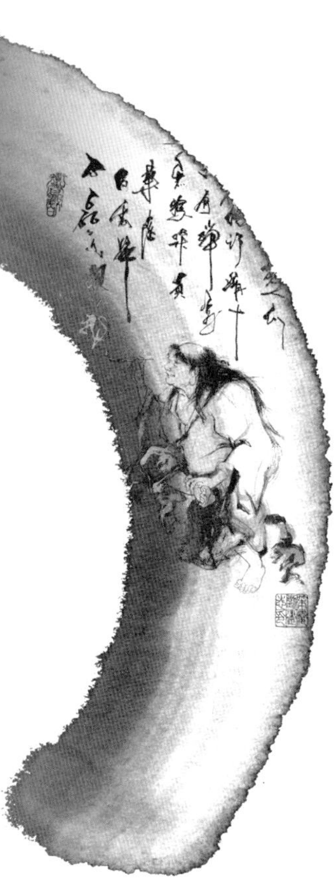

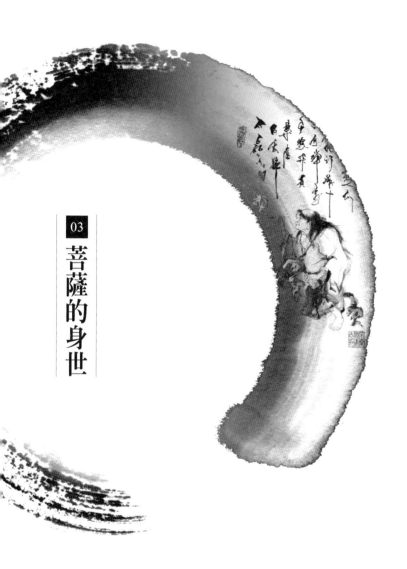

話說，道翹法師和那群好奇的僧眾，看到朝廷命官，竟對兩個大家都瞧不起的人頂禮，驚訝得下巴都快掉下來了。因此，當寒山和拾得從他們身旁穿過時，也不曉得要把他們攔下來，只是楞楞地望著他倆手牽手，跑向後山。直到閭太守跟著追出來，著急地問：「他們會回來吧？」才驚醒了道翹法師。

道翹法師拉拉衣襟，理理衣袖，收拾好慌張失措的表情後，遲疑地回答：「呃……大概……也許……。」

一個也在廚房工作的僧人，看出他的爲難，趕緊出面解危：「多則一、兩天，他們就會回來了。他們以前也常常滿山遍野地亂跑，幾天後就會回來了。」

道翹法師投以感激的眼光後，開口問：「閭太守還沒說明，爲什麼要來尋這寒山和拾得？而豐干禪師又和您說了什麼呢？」

就在灶前的熊熊火光中，閭太守娓娓地道出了這段因緣。

原來，閭丘胤參加征戰，討賊有功，被朝廷派任爲麗州刺史。貞觀十六年，改派爲台州刺史。

可是，就在他準備前往上任的前兩天，在長安的家中，頭部突然劇烈地疼痛起來。那種痛法，彷彿千萬根釘子同時打進他的頭裡；也彷彿千百條繩子勒住他的頭，將他往不同的方向拉，痛得他呼天搶地、躺在床上打滾，甚至嘔吐起來。

看到了這種狀況，家裡趕緊請來最高明的醫生，爲他把脈、針灸、拔罐……，使盡各種方法，絲毫不能減低他的痛苦。

正當他躺在床上打滾，家人在一旁焦急、束手無策時，有個僧人卻不請自來了。

僧人開口第一句話就說：「我可以醫治頭痛！」這句話，讓閭家上上下下都如獲大釋，對僧人寄予最大的希望，馬上將僧人請進閭丘胤的房間。僧人沒有把脈，也不必看氣色，只簡單地說了一句話：「給我一杯水！」

只見他對著那杯水，喃喃地念了幾句，然後含了一大口，對準閭丘胤，噴得他滿頭滿臉，甚至把衣領都噴濕了。立刻，閭丘胤的頭痛消失得無影無蹤！

閭丘胤甩甩頭、轉轉脖子，又揮動手臂、跳跳腳。眞的！剛剛折磨他的頭痛已經不見了，好像根本沒有發生過！

閭丘胤覺得從來沒有這般快活過，趕緊跪倒在地，磕頭如搗蒜：「謝謝大師相救，請教大師法號？駐錫哪個寺院？」

僧人自稱爲豐干禪師，來自天台山國清寺。末了，他還加了一句：「我知道你即將派任台州，特來提醒你。台州地屬海島，瘴氣很重，得好好愛護身體。」

閭丘胤趕緊再磕頭：「謝謝禪師提醒，弟子一定會聽從您的話。不知禪師是否也要回國清寺？弟子可以就近請益，否則，若是弟子頭痛再犯，不知該找誰醫治？」

豐干回答：「國清寺還有兩位大士，一個叫寒山，另一位是拾得。你可以去禮拜他們。」

但是，豐干禪師也提醒他：「記得，不要以貌取人。文殊、普賢兩位菩薩應化在世間，爲了不引起人家的注意，穿著打扮像個貧窮人家，行徑更像個瘋子。所以，你要是執著於外表，那就很可惜了！」

說完這些，豐干禪師又大聲念道：「見之不識，識之不見，若欲見之，不得取相。」

說完，就飄然離去了。

因此閭丘胤一到台州，立刻就四處尋找國清寺，找了好幾天，只知道天台山山明水秀，山裡有許多道觀、寺院，卻是遍尋不著國清寺，嚇得他頭痛的毛病幾乎又要犯起來了。今天終於讓他找到了，而且確實有寒山、拾得兩位大士，他的頭痛不僅飛到九霄雲外，他的高興更是無法用筆墨可以形容的了……。

04 眞相大白

話說閭太守道出了他之所以要上山尋訪寒山和拾得的原因後，國清寺的僧眾才恍然大悟，原來這之中有如此深厚的因緣。而豐干竟在幾天之內，從台州跑到長安去了，腳程迅速得令人訝異！

就當大家沉默下來時，有人咀嚼閭太守的話，有人回想寒山、拾得的行徑，突然道翹法師的一個弟子，囁囁嚅嚅地開口：「師父，豐干禪師的話是什麼意思？文殊、普賢兩位菩薩，與寒山、拾得又有什麼關係？」

所有的僧眾抬起頭，瞪著眼睛說不出話來。

當眾人心中都若有所思的時候，那個小徒弟又不解地問：「寒山、拾得說的那句『彌陀不識，禮我爲何？』到底又是什麼意思呢？」

這會兒，所有的僧眾眼睛愈睜愈大，互相看來看去，最後眼光全部落在閭太守的身上。而閭太守的表情更是驚人，他的眼睛瞪得好像要凸出來了，嘴巴也張得老大，想說話卻一句也說不出來，腦中則飛快地想著：「彌陀？豐干？豐干？彌陀？」

這時大家心裡頭不約而同地狐疑著，難道小小的國清寺，眞的來了三位佛

菩薩？而大家日日相見卻不相識，還讓他們舂米、煮飯菜，多令人遺憾啊！

「快！先帶我去看看豐干禪師的房間。」

震驚之餘的閭太守催促著寺眾。

大夥立刻快步地前往後院，來到豐干舂米、休息的地方。只見簡陋的房間裡，剩下一些乾草，散亂在破木床上，其他什麼也沒有。但是，最教人怵目驚心的是，屋前屋後及庭院中，到處可看到老虎的腳印。

大家閉著嘴巴，靜靜地打量這一切。這時，有個僧眾語帶敬佩地開口：「昨天晚上，我還聽到老虎的吼叫聲呢！」

有人跟著鼓起勇氣：「原來他的身分這麼特殊，難怪連老虎都聽他的話。」

然後，是閭太守做了決定似的：「這機緣太難得了！我得回山下置辦些東西。道翹法師，如果這三位大士回到國清寺，可否請您派個人，下山通知我？」

道翹法師拱手一揖：「一定！一定！阿彌陀佛。」

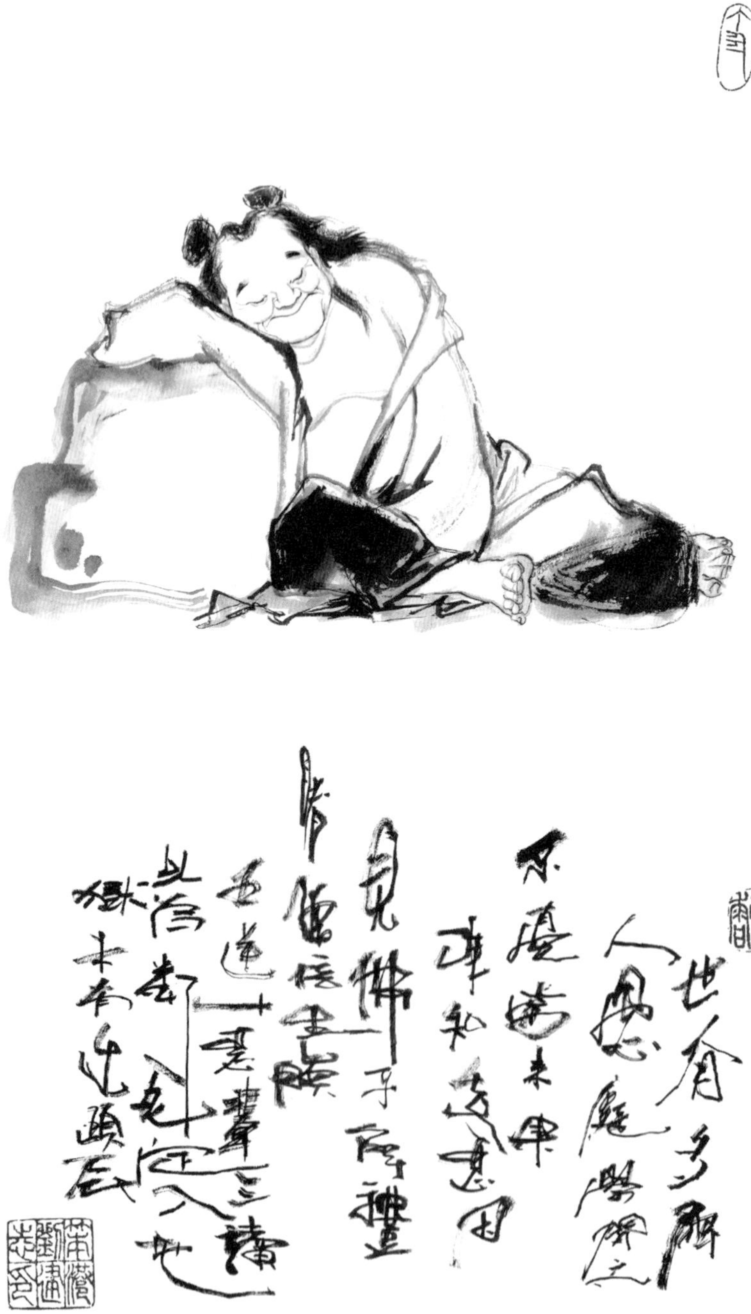

懷著期待的心情，閭丘胤領著隊伍又飛快地下山去了。這會兒，他要辦的事情更多了，得置辦幾件全新的僧服、幾雙僧鞋。當然，國清寺裡的上上下下也要供養……。就這樣，閭丘胤一樣樣地數著下山……。

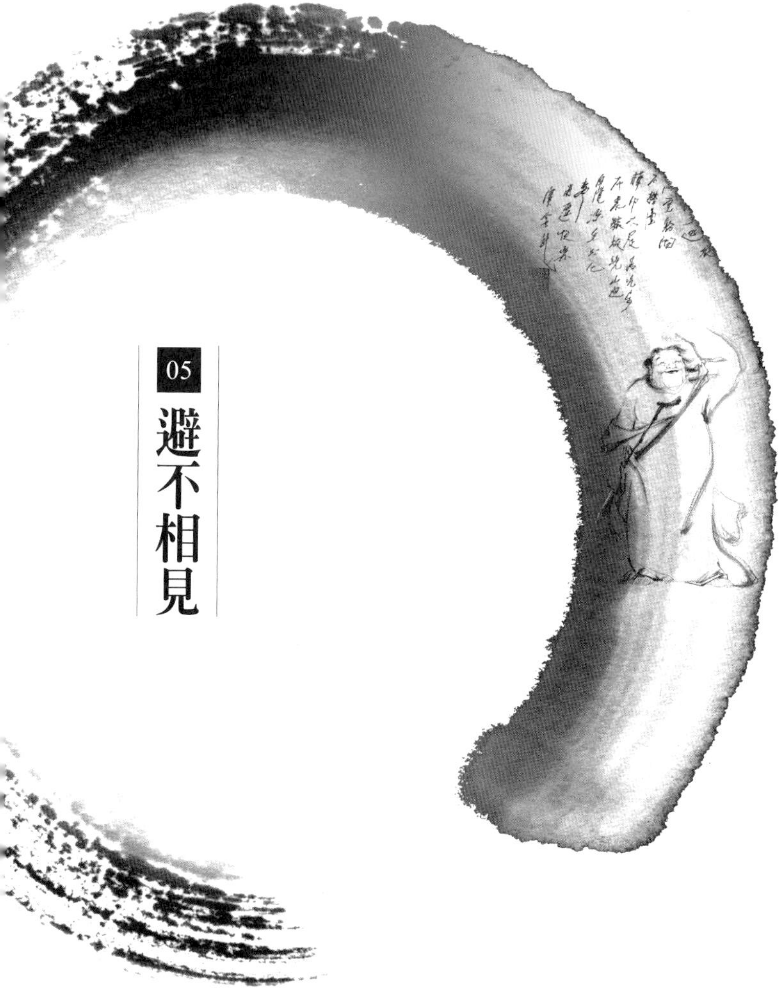

05 避不相見

話說閭丘胤回到官府後，吩咐家丁，火速地置辦好要供養豐干、寒山、拾得，及國清寺僧眾的物品後，日日就等著寺裡派人來通知他。

可是等了幾天，老等不到人，他實在耐不住了，又叫人備了轎子，一路直上國清寺。

道翹法師知道他來了，連忙出來迎接，嘴裡抱歉地說：「不是不通知閭太守，實在是這三人沒有回寺院來。」

閭丘胤知道道翹法師說的是實話，也不敢再說什麼，低頭沉思了一會兒，突然想起什麼似地開口問：「他們既然不回來，是不是山裡有落腳的地方，也許我們可以去那裡找？」

旁邊有個僧眾搔搔頭回答：「聽說，寒山就住在靠近山頂的寒巖，也許他現在就在那兒。」

這個消息實在太好了！閭丘胤馬上轉身吆喝他的手下：「帶著東西，我們立刻上山！」

一行人帶著大包小包，在小沙彌的帶路下，又往山上的路走去。

還沒接近寒巖，大夥兒就聽到寒山和拾得兩人的笑鬧聲。閭丘胤小聲叮嚀：「等一下大家要跪快一點兒，知道嗎？」

於是，大家都緊張地等待著。

可是，卻說寒山和拾得，看到這一大隊人馬，捧著大包小包的禮物，突然出現在他們面前，立刻大聲地呼喊起來：「賊！賊來了！」

他們邊喊，邊往後退，直退到寒巖山壁邊，已經無路可退了，山壁突然裂開一個隙縫。寒山和拾得手牽著手，一起退進石壁中，嘴裡依舊一逕兒地喊著：「各自努力嘿！大家各自努力嘿！」

等大家衝到石壁前時，石壁已經自動密合，一點兒也看不出曾經裂開的痕跡。只有寒山和拾得的笑聲似乎仍在山間迴響……。

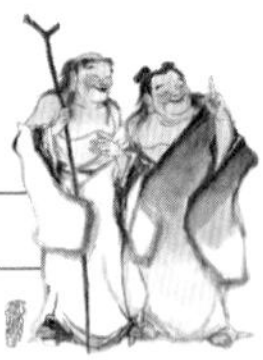

06

露出曙光

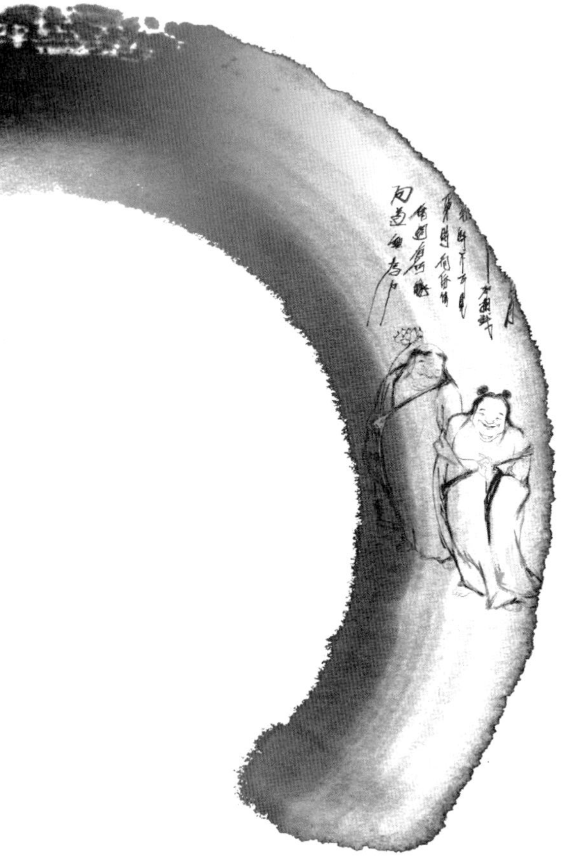

話說閭太守費心準備了許多供養的東西，上得山來，想要好好地禮拜寒山和拾得，怎奈兩人卻不領情，甚至喊他們是賊，然後退到石壁裡，不再出來了。這景況，讓閭太守真是難堪極了！再怎麼說，他可是堂堂台州刺史呢！竟罵他是賊，還給他吃閉門羹，枉費他的一片好心！

閭太守愈想愈喪氣，愈想愈難過，頭垂得低低的，腳都舉不起來了，雖是下山的路，卻比上山還難走。

正當他拖著腳步往下走時，忽然聽到領頭的小沙彌稚嫩的聲音響了起來：「喝！瞧瞧這裡，寒山把詩都寫到樹幹上了！」

所有的隨從都知道太守的心情正不好，連忙制止小沙彌：「噓！別再提寒山的名字了。」

「快走！快走！不要多說話！」

「噓！別管什麼詩了，趕快回寺院去吧！」

「是啊！管什麼寒山，一個瘋癲的僧人罷了！」閭太守也在心裡告訴自己。可是，當他走過那棵樹，卻忍不住停下腳步，抬起頭來看看那首詩。

他看了一遍又一遍，神情愈來愈專注，最後甚至輕輕地念出聲：

吾心似秋月，碧潭清皎潔。

無物堪比倫，教我如何說。

啊！那是一個怎麼樣的意境？好像觸動了閭太守心裡的某些東西，可是他卻描述不出來……。

「這兒，這兒還有一首……。」

小沙彌在另一棵樹上又發現了寒山的詩。眾人們被小沙彌興奮的聲音所吸引，都紛紛抬起頭來觀看。不看還好，一看就不得了，樹林子中不僅許多樹上都刻著密密麻麻的詩句，連地上的石頭、瓦片，也都發現了一些偈子。

雲山疊疊幾千重，幽谷路深絕人蹤。

碧澗清流多勝境，時來鳥語合人心。

無緣大慈 同體大悲
寒山自寒山
拾得自拾得
凡愚豈見知
豐干卻相識
見時不可見
覓時何處覓
借問有何緣

眾人搖頭晃腦地吟誦著詩句，對於詩中的意境，都有一種說不出來的感動。閭太守高大的身影獨立樹林子中，相對於眾人的歡欣鼓舞，顯得有些沉默。他站在一塊數人高的巨巖前，緊蹙著眉，對著巖上的詩句無言地沉思。

寒山道，無人到。
若能行，稱十號。
有蟬鳴，無鴉噪。
黃葉落，白雲掃。
石磊磊，山隩隩。
我獨居，名善導。
仔細看，何相好？

寒山道，什麼是寒山道？那眾人口中的風狂子，究竟有些什麼無人能探索的內心世界，他的境界是如此地高深，彷彿鏡花水月般，讓人看得到、摸不著。

這些詩句刻在林子中、巖石上，雖然很容易就能看見，但其實一般人若不細心留意，還是很容易疏忽掉。每一句話，都像寶珠那樣珍貴，句句提醒我們修行的要義。然而，世人不識眞正的珍寶，每天都在不斷地拋棄……。

君見月光明，照燭四天下。
圓暉掛太虛，瑩淨能瀟灑。
人道有虧盈，我見無衰謝。
狀似摩尼珠，光明無晝夜。

閭太守從地上拾起的瓦片上，發現這一首署名拾得的詩，朗聲誦出。一陣涼風吹拂而過，眾人都感到通體一片清涼。

神遊於詩中境界的閭太守，突然回到現實中，他想，這樣的好詩，藏在這隱密的林中實在太可惜了。

「我一定要把它抄錄下來，讓更多人可以欣賞。不，那還不夠，最好讓後代的人也都能看到這樣的絕妙好詩。」

他轉頭對隨從說：「快拿紙筆過來！」

他這一喊，可又把所有的隨從都嚇壞了，因為他剛剛還一副垂頭喪氣的樣子，現在卻變成火燒眉毛的模樣，讓大家一下子無法適應。而且，一路上大家只顧著拿禮物，誰也沒想到要帶紙筆，這會兒荒山野外的，上哪兒去找紙筆呢？

不得已，管家只有硬著頭皮上前，支支吾吾地說：「報……報告老爺！我們……沒……。」

閭太守雙眼一瞪：「沒帶紙筆？」

繼而，他揮揮大袖子：「罷了！罷了！你也幫我記在腦子裡吧！其他的人，立刻回國清寺。」

接著，他嘴裡念念有詞，率先往山下狂奔而去。

當這夥人又一路跑進國清寺時，寺眾們好像有點兒習慣了，大家只是抬抬眼皮看看他們，不再露出慌張失措的樣子。倒是道翹法師，一直等在三門旁，一看這隊人馬出現時，馬上迎了上去。

「可有見到寒山？」

說眞的，雖然閭太守說他是普賢菩薩化身，但是見他平常瘋癲的模樣，總是教人半信半疑。

閭太守沒有停下腳步，快步往屋內跑去，嘴裡大嚷：「快準備好紙筆。吾心似秋月……。」

直到他把所有的詩都完完整整地寫出來，這才有空理會道翹法師，喘口氣對他說：「老法師，對不起，我怕忘了。」

接著，他把山上的情況說了一遍。當他說到山壁自動開合時，道翹法師的臉色變得愈來愈嚴肅。

聽完後，道翹法師沉思了一會兒，嘆了一口氣：「唉！有眼不識泰山啊！」

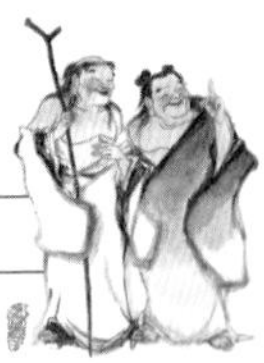

07

蒐集詩偈

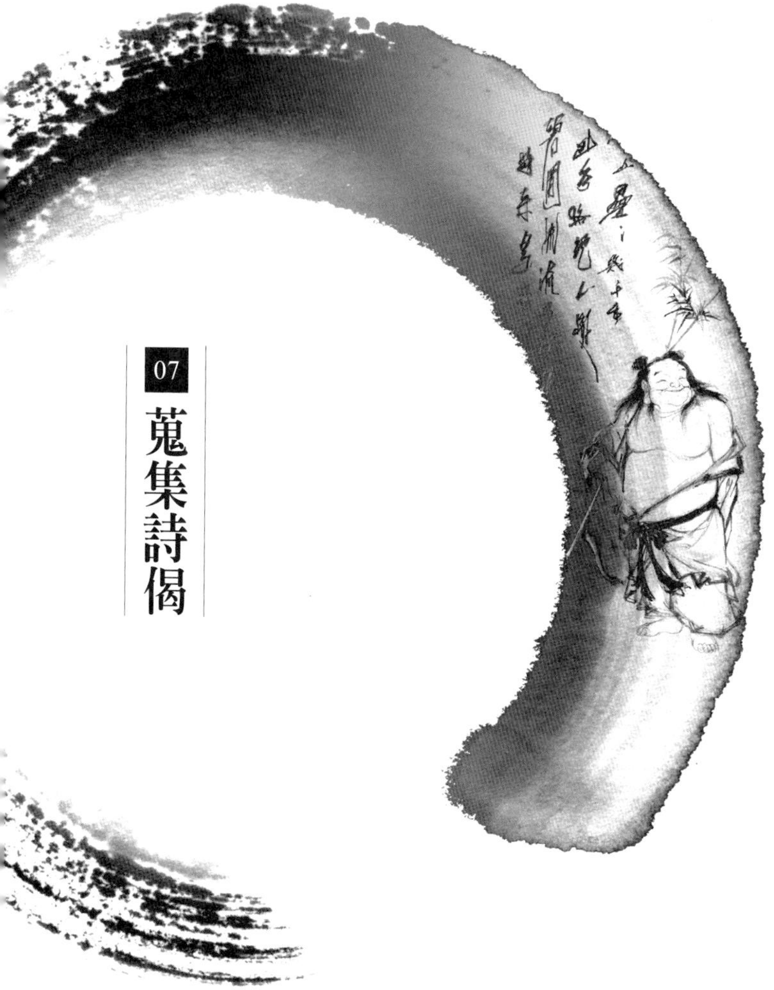

話說閭太守趕回國清寺，火速地把記在腦子裡的詩句寫下來，又把寒山、拾得避入寒巖的情形，說給道翹法師聽後，道翹法師竟搖頭嘆息起來。大夥兒互相望來望去，都不敢亂說話，連站在一旁的小沙彌也只敢瞪著大眼睛，溜來溜去，大氣都不敢出一聲。

更奇怪的是，閭太守看到道翹法師搖頭嘆息的模樣，好像也難過起來了。只見他扭著手腕，走來走去，還不時地撓腮抓頭，一副又要犯起頭痛的樣子。

好一會兒後，閭太守搥著手掌狂呼起來：「扼腕啊！真教人扼腕啊！」他這突如其來的呼喊，教大家又嚇了一跳，不自覺地擠成一團，深怕發生了什麼可怕的事情。

閭太守繼續呼喊：「錯失良機呀！錯失良機呀！」

閭太守這麼激烈的反應，相對的，道翹法師顯得沉穩多了。只見他的白鬍鬚，隨著他的搖頭嘆息，像鐘擺似地晃個不停：「可惜啊！可惜！失之交臂啊！」

就這樣，一個仰天呼喊、一個搖頭嘆息，鬧得站在一旁的隨從和小沙彌不知如何是好？也惹來許多寺眾圍在門口，不知該如何幫忙？

大約過了一刻鐘，兩人才漸漸安靜下來，各自坐在椅子上沉思。突然，閭太守又想起什麼了：「老法師，您上回好像說過……。」

道翹法師好像仍陷在沉思中，雖抬頭望向閭太守，眼神卻不集中，只是嘴裡還會應著：「唔，我說過什麼？」

「您好像說過，寒山在寺院裡的牆上也曾寫下詩文？」

閭太守看老法師不專心，故意慢慢地說。

這會兒，老法師好像回過神來了，連連點頭：「沒錯！沒錯！不僅寺院裡的柱子、牆壁被他寫了許多，我聽說山腳下的民宅，窗戶、門、屏風，甚至爐灶上，都留下他的詩句。」

閭太守一聽，喜上眉梢，緊跟著大喊起來：「快啊！快加派人手，把那些詩句全部抄起來。」

門外有個小沙彌突然插嘴說：「寺院裡的，恐怕所剩不多了！」

雲山疊疊幾千重
幽谷路深絕人蹤
碧澗清流多勝境
時來鳥語合人心

「爲什麼？」

大夥兒全轉頭看向他。

小沙彌伸伸舌頭回答：「以前……大家都不喜歡他，覺得他只是亂塗鴉。我是負責打掃的工作，怕師父責怪我沒把工作做好，所以曾經擦掉一些……。」

小沙彌還想繼續解釋，卻被閭太守連連的驚呼聲打斷了：「千萬不可以再擦掉了！千萬不可以了！」

接著，他轉頭吩咐手下：「別發呆了！快分頭去做該做的事吧！抄好了，速速拿回來讓我瞧。」

於是，部分的僧眾留在寺院裡，四處尋找寒山可能留下的詩句，並且抄錄下來。而閭太守的家丁則直奔山下，到民宅裡抄錄。一時間，天台山地區掀起了一陣尋找寒山詩的熱潮。

08

絕妙好辭

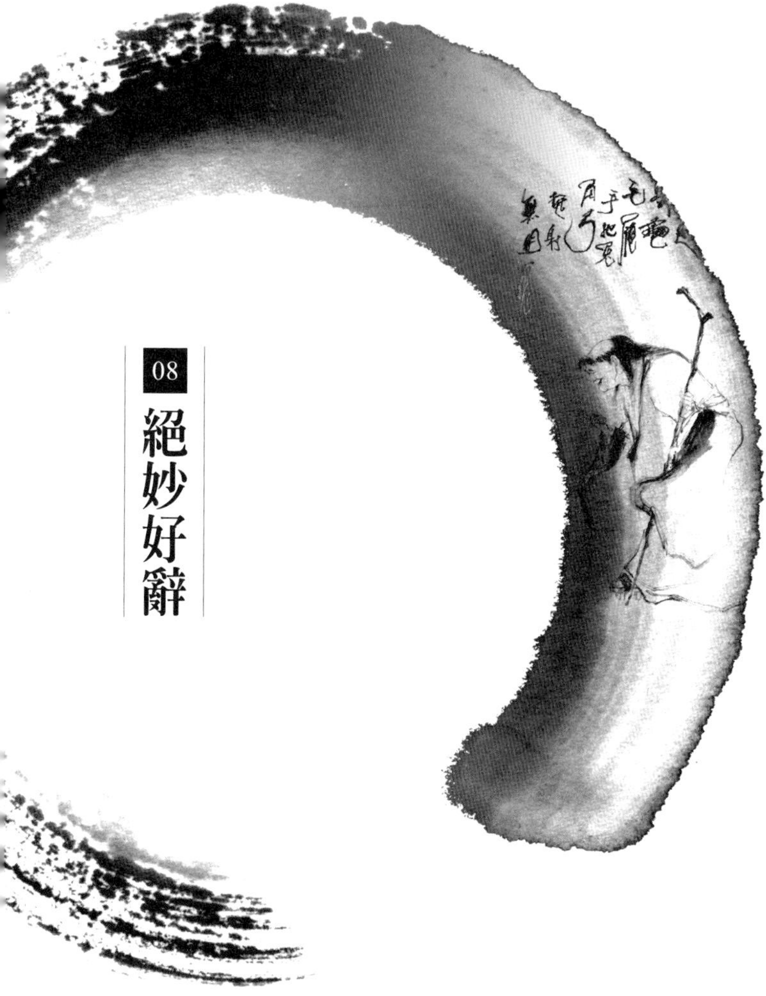

忙了一個月，大家把抄錄到的詩句都送回國清寺，交由閭太守和道翹法師彙整。這之中，不僅寒山、拾得沒有消息，連豐干也沒回到寺院來，讓閭太守好失望。幸好，日日都有人將各地找到的詩句送來，閭太守可以天天讀到意境絕妙的詩，稍稍紓解些鬱悶的胸懷。

這一天，閭太守又上山來，和道翹法師整理詩句。他搖頭晃腦地讀著，不住地讚歎：「了不起啊！了不起啊！果眞是不同凡響！」

而道翹法師則靜默地讀著，表情一片落寞。好一會兒後，閭太守才注意到道翹法師的情況，訝異地問：「法師，有什麼不對嗎？」

道翹法師似乎被問到痛處，一時悲從中來，用袖子掩住面孔，肩膀聳動著，好久不能自已。過了好一陣子以後，他才抬起頭，用袖角揩揩眼角，哽咽著說：「人不可貌相啊！我這麼一把年紀，和眞正的菩薩相處這麼多年，卻不認識他們，當面錯過。遺憾，遺憾啊！」

和豐干、寒山、拾得平日的相處，他們那些表面看似不經意的言語、動作，現在想起來，其實都有很深的涵義。比如以騎虎出名的豐干禪師，與自己就曾有過一段特殊的因緣……。

＊　＊　＊

入天台山至國清寺的路上，是一大片蒼翠的松林。豐干禪師平常的行徑，最爲人所知的，就是騎著虎子在松林中漫遊。

有一次，道翹在林中伐木，工作到一半時，突然聽見遠遠傳來猛虎的嚎聲。他嚇了一跳，趕緊捉牢手中的斧頭。

雖然佛門是戒殺的，但是性命受到威脅的時候，一時也管不了那麼多。

在稟神專注一段時間後，道翹遠遠看見虎子身上馱著一個光頭和尚，搖搖擺擺而來。

「噓——。」他鬆了一口氣，原來是豐干禪師騎在虎背上。他放下斧頭，瞪著豐干說：「豐干禪師，我被你嚇壞了，我還以爲是大老虎出現了呢！」

「嘿嘿嘿，你不是被我嚇壞了，你是被你自己嚇壞了吧？嘿嘿嘿！」豐干笑道。

道翹一聽，看著手中的斧頭，突然也覺得不好意思起來。而看到騎在虎背上的豐干，把眾人望之生畏的猛虎駕馭得如此自在、安穩，心中不禁油然生起佩服之意。

「豐干禪師，貧僧覺得很好奇，可否告訴我，你究竟是如何馴服猛虎的呢？」

豐干笑而不答。

道翹等了半天，見豐干沒有回應，遂激起了一股好勝心，想找一些問題來考考豐干，看看這個騎虎和尚究竟有多了不起？

「這個問題，想必對你來說是太淺了，所以你不願回答。且讓貧僧再設一問，請問什麼是最究竟的佛法？」

「隨時。」豐干笑笑地答。

「那，什麼是修行人應該注意的事呢？」

「隨時。」豐干答。

「何謂解脫？何謂涅槃？修行的最高境界是什麼呢？」

「隨時、隨時、隨時。」豐干說完，仰天長笑，馭虎疾去。

隨時、隨時、隨時、隨時，不管問什麼，答案都是隨時，這算哪門子的答案啊？

當時的道翹心想：「看來，豐干也沒什麼了不起。」

✽　✽　✽

道翹出家多年，一向對自己的修行還滿有自信，如今，卻發現自己連菩薩的眞面目都不識，不禁悲從中來，忍不住嚎啕大哭了起來……。然而，修行、修行，還有什麼比「隨時」兩字更實際而受用呢？體會到這個道理之後，道翹覺得心開意解，不禁又開心地笑起來了。

他的舉動，把讀詩讀在興頭上的閭太守搞得不知所措，不知道是該和他聊聊，還是不理會他？

所幸，道翹法師畢竟還是個修行人，任何起心動念，很快就覺察了，趕緊整整衣襟，擦擦手臉，重新加入彙整詩句的工作。他拿起一張紙，遞到閭太守面前說：「看看這一首，只有眞正有修行的人才寫得出來。」

閭太守一聽，連忙收起笑臉，恭恭敬敬地讀起來：

急急忙忙苦追求，寒寒冷冷度春秋。
朝朝暮暮營活計，悶悶昏昏白了頭。
是是非非何日了，煩煩惱惱幾時休。
明明白白一條路，萬萬千千不肯修。

這會兒，連閭太守也嚴肅起來了。他小心翼翼地放下那張紙，面色凝重地說：「寫得很簡單，卻是字字珠璣、字字警語啊！」

道翹法師再遞過來一張：「再看這一張！」

下愚讀我詩，不解卻嗤誚。

中庸讀我詩，思量云甚要。
上賢讀我詩，把著滿面笑。
楊脩見幼婦，一覽便知妙。

楊脩幼婦，出自後漢典故。楊脩是曹操身邊的一名官員，人很聰明。有一天隨曹操出遊時，看到「曹娥碑」的背後有八個字：黃絹幼婦，外孫虀臼。

曹操看了許久，不懂它的意思，問楊脩：「你知道是什麼意思嗎？」

楊脩回答：「知道了！」

曹操說：「先不要告訴我，讓我再想一想。」走了三十里，曹操還是想不出來，只有請楊脩解答。楊脩解釋：「黃絹是有顏色的絲，即色絲，絕也。幼婦是指少女，即妙也。外孫是女兒所生的兒子，是女子，即好也。虀臼是裝辛辣物品的容器，正是辭也。所以，這句話的意思是……。」

曹操搶著回答：「絕妙好辭！」

曹操說完後，搖搖頭，嘆了一口氣：「唉！我竟然想了三十里，還想不出這彼此的關聯，可見我的聰明不如你啊！」

閭太守讀到這一句，又想起這個典故，心中大大地讚歎著：「絕啊！妙啊！楊脩見幼婦，一覽便知妙。了不起！了不起！」

他的心裡同時卻也起了一個念頭：「我是上賢？中庸或下愚呢？」

難怪他會起了這個念頭，其實許多人讀了寒山的詩，也都起了這個疑問。因爲寒山詩的確讓人有空靈的感覺，也深具警示的意味，可是要具體地解說時，卻覺得所有的語詞都不足以拿來形容，甚至是拿不出相稱的東西來幫忙解說。尤其急於要說明時，相較之下，就更顯得自己拙於言辭或體悟不夠。

閭太守只有發出一連串的讚歎，來表示自己的欽佩。

09

拾得的趣事

話說閭太守在公暇之餘，蒐集、整理寒山的詩句，也有一段時日了。在這些日子中，透過斷簡殘篇的隻字片語，及國清寺中曾與寒山、拾得共同生活的出家眾們，陸陸續續地回憶，終於使得寒山、拾得的面貌比較清晰了一點。

尤其在發現了一些拾得所作的詩後，眾人對拾得更加佩服！

寒山住寒山，拾得自拾得。
凡愚豈見知，豐干卻相識。
見時不可見，覓時何處覓。
借問有何緣，卻道無為力。

這首詩描寫寒山與拾得，雖然不被凡夫俗子所了解，卻能得到豐干禪師的賞識。這種相知、相識的緣分是不能強求的，如果緣分未到，即使見了也還是等於沒見一樣，想要尋尋覓覓地找，恐怕也是無處可找的。

那要怎樣做才能有緣相識呢？沒有什麼其他辦法，唯有一心向道罷了。在

道心中，什麼樣的菩薩見不到呢？世人不明白這個道理，反而一心去追求那些無意義的事，只能說是本末倒置，心外求法罷了。

因爲這些詩句，使得大家恨不得能多知道一些關於拾得的故事。

有一天，難得出現的陽光，把寮房外的天井，照得明亮、暖和。閭太守一時興起，要管家帶幾個手下，把書桌、紙、墨、筆、硯等物品，一併搬到天井，大夥兒就在天井中工作起來。

眾人圍著圓桌，讀詩品茗，別有一番悠然自得的樂趣。幾位對寒山、拾得比較熟悉的人，也侃侃而談寒山、拾得的一些奇聞異事。

一個送茶水的小沙彌，因爲年齡與拾得差不多，分配的工作也常在一起，所以對拾得的趣事知道最多。

＊　＊　＊

說故事的沙彌，是位趕烏沙彌。因爲寺院附近林木很多，烏鴉也特別多，

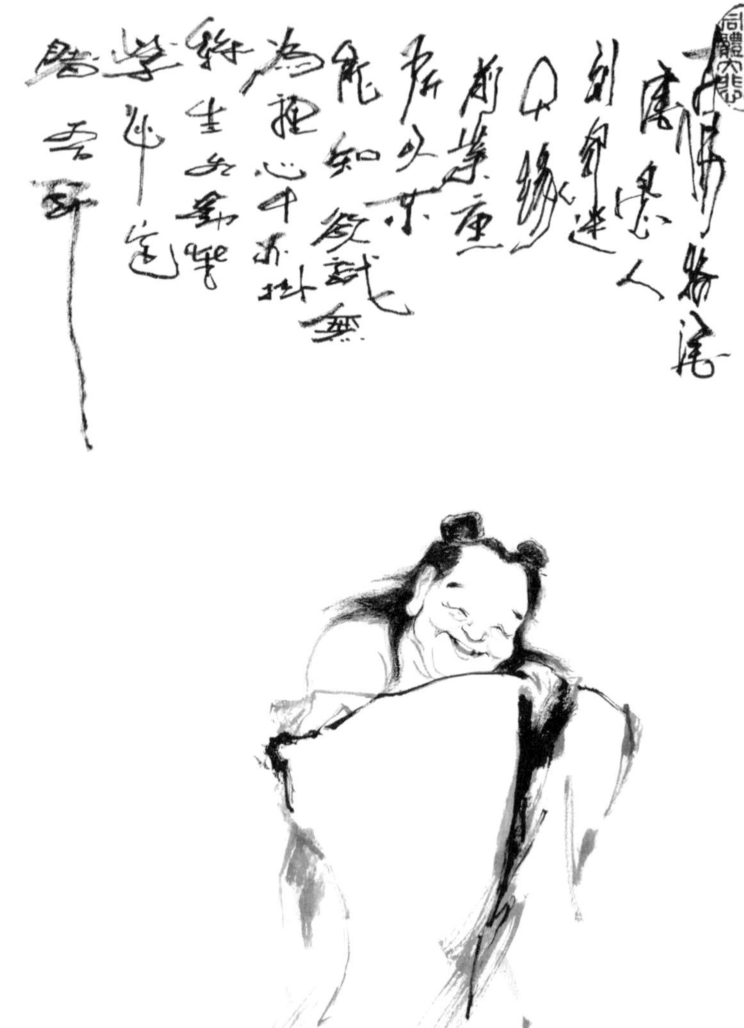

曬在廣場上的麥、穀、黍、藜，常會被烏鴉吃掉。所以，趕烏沙彌的工作就是守護廣場，把烏鴉趕走。

可是，出家人以慈悲爲懷，布施也是修行項目。所以，住持曾吩咐過沙彌，不要眞的趕得太勤快，讓烏鴉吃一些也沒關係。而且，寺裡還有很多其他工作，趕烏沙彌有時也會被派去做一點別的事，不能老守在廣場旁。

可是，這跟拾得有什麼關係呢？有關係，大大的有關係，因爲……。

拾得剛到寺院時，因爲年紀小，典座❶派他管理食堂的香燈。有一天，他竟捧著他的缽，跑上大殿，坐在佛像的對面，大吃大嚼起來！

沒有人知道他爲什麼這麼做，也無人能管得了他，只好將他換個職事，到一個人人都看不見的偏僻角落去工作，那就是廚房。

拾得雖然被派到廚房去，可是那並不就表示他會乖乖地待在廚房。廚房外的事，只要看不過去，他也管！

常常逛到廣場來的拾得，很不喜歡那些偷吃糧食的烏鴉。只要是拾得不喜歡某種東西，一定會有麻煩產生。

有一天晚上，寺院上上下下所有的人，都做了同一個夢！

大家都夢見伽藍神❷，哭哭啼啼地從門外走進來，嘴裡一逕兒地說著：

「拾得打我！拾得打我！」

第二天一早，大家不約而同地跑到伽藍神的塑像旁一看，果眞看到，原來威猛莊嚴的塑像，肩部、胸部和腳部的地方，已經被打壞了。

「接下來呢？拾得被罵了嗎？」大家都異口同聲地問。

「住持請拾得過來問話呀！」

「結果呢？」

結果，拾得還理直氣壯地說：「這叫什麼護法神嘛！連僧眾的食物都保護不了，哪有本領保護寺院呢？該打！該打！」

咦！這幾句「該打」，倒是說得挺中聽的，聽得在場的每一個人嘴角都揚起微笑，又忍不住地問：「住持怎麼說？」

「住持沒說什麼，只是搖搖頭，揮揮手，叫拾得自己回廚房去。」

趕烏沙彌說完，另一位師兄也說了一段故事……。

大家都知道，拾得之所以名爲拾得，是因爲他是被豐干禪師從路旁「拾得」的緣故。有一天，國清寺的住持突然又想起了這件事，於是便把拾得喚到面前來，再問他一遍：「拾得，你的名字叫作拾得，這是因爲豐干拾得了你。可是，你來到國清寺時，也已經十多歲，總絯不會不知道自己的名字吧？你究竟是誰？姓啥？名啥？住在什麼地方？家裡還有些什麼人？」

拾得聽到住持這樣問，竟放下掃帚，嘟起嘴，雙手插腰，一副氣呼呼的模樣。

住持看見拾得的反應，感到莫名其妙。這是一個很好回答的問題啊！爲何他會這樣生氣？好像自己問了一個什麼不該問的問題似的。

一直在一旁觀看的寒山，突然捶胸頓足、哭天搶地起來。

拾得對著寒山大叫：「哭什麼？不許哭！」

寒山也對著拾得吼去：「你沒聽過『東家人死，西家助哀』嗎？我是在爲你助念！」說完，兩人一起大笑，手拉著手唱歌跳舞離去，留下一頭霧水的住持，呆呆地站在原地。

＊　＊　＊

聽到這兒，閭太守摸摸下巴，眼睛往上瞪向天空，又喃喃地念起來：「奇人啊！奇人啊！只可惜沒有留下隻字片語。」

「就我所知，他曾念過兩首偈。」有個洪亮的聲音突然在大家的背後響了起來：「只可惜，肉眼凡夫的我，當時並不知道拾得的眞實身分，雖然隱約知道他在警告我們些什麼，卻仍有點兒半信半疑。」

說話的是老比丘德律，胸前垂著雪白的鬍鬚，雙手合掌站在天井的中央。

大家趕忙轉過身來，對他合掌作揖，並且讓到一旁。閭太守雖不精通佛

法，但也知道，戒律在佛門中是很重要的。而持戒嚴謹及宣講戒律的律師，更是值得大家的敬重。所以，他露出更恭敬的表情：「德律律師，您是不是也曾聽聞過關於拾得的傳說？」

老律師低眉垂目、不急不緩地開口：「這件事情，所有的比丘都知道，當時的確在大家的心裡，造成不小的震撼！」

哦！這句話好像帶有玄機，大家不由得又露出打探消息的表情。連一旁的小沙彌們也瞪大眼睛、豎尖耳朵，不肯放過任何的隻字片語。

老律師一點兒都沒注意到別人的反應，慢慢地沉浸在自己的回憶中……。

每個月，國清寺中有兩次布薩❸，就是受過戒的比丘要到戒堂聽戒。有一次，當大家又齊聚在戒堂時，拾得剛好趕牛經過堂前。他突然停下來，倚著堂前的柱子，瞇著眼睛，對每個人微笑。

喝！比丘們說戒，沒受過戒的小沙彌跑到戒堂已經不許可了，還敢對著大家笑。這拾得未免太大膽了吧！

德律看到拾得出現在門口，連忙走過去，輕聲地要他趕快離開。然而，拾得卻只是倚著柱子繼續發笑：「你們聚在這兒，談論大事，事情解決了嗎？」

聽到他這麼沒禮貌的言辭，眾人都大起反感，心中生起一把無明❹火，臉色變得很難看。拾得看到眾人的臉色變了，也一副無所謂的樣子，不但不離開，反而又對德律說：「別生氣！別生氣！無瞋即戒心，心淨即出家，我性與你合，一切法無差！」

這話說得很有道理，可是當時貢高我慢和無明火盤踞眾人心裡，使人聽不進他說的話。德律與拾得這兩個人就這樣，一個生氣、一個發笑的僵持在戒堂門口。其他僧眾見兩人僵持不下，紛紛走出來看個究竟。

沒想到拾得一看到其他人走出來，竟拍起手來，大笑著說：「原來，你們躲在這裡談天說地，就可以不用做事了。以後，我也要來這兒，不要去放牛了！」

他這麼一嚷嚷，說戒的事真的進行不下去了，大家連忙噓聲制止。

「噓——，不可以在這裡大聲講話！」

「去去去，誰說我們沒做事啦！」

「快去做你自己的事！不做事，怎麼好意思吃飯呢！」

雖然這麼多人圍著他，拾得仍然一動也不動，笑咪咪地指著門外的牛說：「看那群牛，就是一些只吃飯、不做事的人轉世來的呀！」

啊？人轉牛身？大家聽了這話，心裡不知怎麼了，都蹦蹦地亂跳起來；因爲佛家講因果輪迴❺大家打從心裡相信，可是卻還沒有親眼目睹過。現在，拾得說牛的前身是人，會是眞的嗎？

當拾得說這話時，大家只覺得一個小沙彌懂什麼，心裡都有些看輕他，因此對他的話半信半疑。有人還大聲喝止他：「嘿！沒證據的話，可不能亂說，造業呀！」

有人則噗嗤一聲笑出來：「我相信那些以殺牛爲業的人，可能轉爲牛身，一報還一報嘛！至於出家僧眾，總該還有些功德，不至於墮爲牛身吧！」

沒想到，拾得想都不想地就回答：「這些牛，前生都曾經是本寺的大德或執事呢！」

什麼？寺裡的大德或擔任過執事的人，生前可都是有修爲的人，怎麼會墮為牛身呢？這話說得太過分了吧！

臉上滿是不可思議表情的德律，和大家一樣，心中充滿不服。幾個性急的比丘立刻吼起來：「你怎麼證明？能證明，我們才要相信！」

「小娃兒，在這兒說大話，該打！」

這麼一鬧，說戒的事整個兒停下來了，戒堂裡所有的比丘全好奇地圍攏在拾得身旁，想知道他怎麼證明。

只見拾得還是一副輕鬆自在的樣子，慢慢地說：「以前，寺裡有位弘靖律師吧！」

「有啊！有啊！前幾年才入滅的。」大夥兒七嘴八舌地回答。

「那麼……喔！就是那頭。」拾得手舉了起來：「現在最靠近戒堂的那頭白牛，就是弘靖律師。」

大家隨著拾得的手望過去，果眞有一隻站在最前面的白牛，眼睛直望著戒堂的寺眾瞧。此時，拾得又出聲喊起來：「弘靖律師，請你到戒堂前面來！」

只見那頭白牛，低著頭，搖搖尾巴，慢慢往戒堂走過來，一副不好意思的

模樣。

接著，拾得又大聲叫了幾個名字：「光超和尚、靖本法師、法忠法師，也都到前面，你們的老朋友，想要看看你們。」

果眞，又有三頭黑牛，低著頭，慢吞吞地從牛群中走出來，眨著眼睛站在大家的面前。

所有的比丘，包括德律律師在內，看到這種狀況，都嚇得張口結舌，說不出話來。

就當大家瞠目結舌地望著那些牛，不知道該怎麼辦時，拾得又唱出一首偈：

前生不持戒，人面而畜心。
汝今遭此咎，怨恨於何人？
佛力雖然大，汝辜於佛恩。

老律師說到這裡，停了下來，深深地吸了一口氣。

其實，不只是老律師需要用力吸口氣，許多人也都覺得心頭很沉重，背都駝下去了。原本興致盎然的小沙彌，此刻也覺得手指頭像冰棍兒一樣的冰冷。耀眼的陽光，突然好像被烏雲遮住，失去耀眼的光彩。

天井裡一片寂靜無聲，眾人成了木頭人似的，一個個呆立著，而波濤洶湧的內心，想的卻全是拾得所唱的偈。

「哈哈哈……佛力雖然大……，嗚嗚嗚……汝辜於佛恩……。」

老律師突然痛哭失聲，老淚縱橫，掩著面，轉身快步走出天井。

隨著漸行漸遠的腳步聲和哭聲，大家慢慢調回悲悽的心情，可是老律師所說的一切，就像一顆石子投入平靜的池塘，掀起一圈圈的漣漪，也在大家心裡震出一些波紋，讓大家都受了影響，尤其是閭太守，更是失魂落魄地楞在那兒。

每個人面面相覷，不知該如何是好？最後，閭太守終於開口說：「日影已經漸漸西斜了，大夥兒把東西收拾收拾，早點兒下去歇著吧！」

他相信，大家會和他一樣，今天晚上，恐怕要很久很久，才能入眠……。

❖註釋❖

❶典座：寺院中負責大眾飲食的執事，通常推舉志行高潔的僧人任職。

❷伽藍神：廣義泛指所有護法善神，狹義指伽藍十八善神。

❸布薩：又名說戒，僧團中每半個月一次的集會，反省懺悔這半月中持戒的情形。在家菩薩持八關齋戒，也稱布薩。

❹無明：煩惱、不通達真理、不明白事相或道理，卻不自知。

❺輪迴：佛教有地獄、畜生、餓鬼、人、天、阿修羅六道之說。謂眾生隨著習性、業力，於此六道中反覆重生。

10 寒山、拾得與靈佑

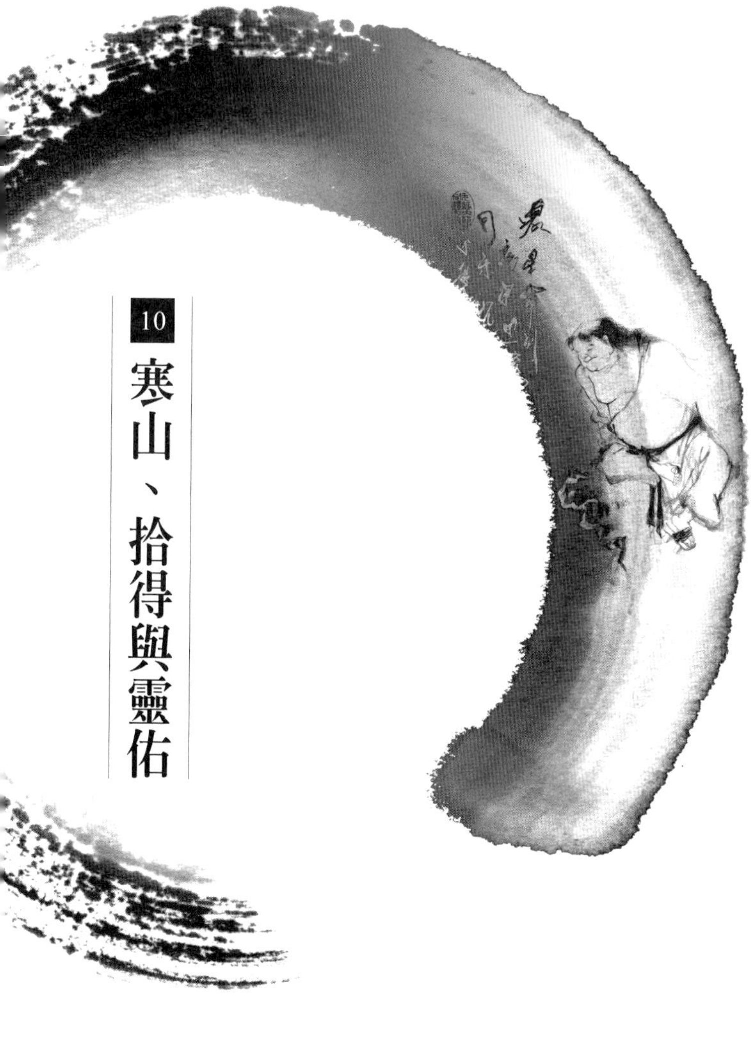

話說經過多日的工作，大家從各處蒐集來的詩偈，已經有了相當的數目。閭太守覺得心情開朗，搖頭晃腦地念個不停；道翹法師則沉默地檢視每一首詩偈。

當閭太守自得其樂了好一段時間後，才赫然發現，道翹法師坐在一旁，手裡拿著詩稿，卻一副發呆的樣子。他趕緊收起自己得意的模樣，悄聲地問：「方丈……方丈……，有……什麼不妥嗎？」

「呃……呃……沒事！沒事！」道翹法師慌張地回答：「我只是想起一些事。」

「什麼事？和寒山、拾得有關嗎？」閭太守緊追不捨。

隨著寒山的詩被發現的愈來愈多，閭太守也發願總有一天，要將寒山詩集付梓，以流傳給後代。所以，現在只要和寒山、拾得有關的任何資料，閭太守都絲毫不會放過。

道翹法師攏攏手上的詩稿，點點頭：「是的！正是和兩位菩薩有關。當初聽到時，還不解其意，現在回想起來，卻是清清楚楚，明明白白啊！」

閭太守趕緊拖把椅子，一屁股坐在道翹法師的對面，迫不及待道：「快說給我聽聽。」

「有一天，有個遊方的比丘到寺院來掛單❶，自稱爲靈佑，學的是禪宗法門。」

「靈佑禪師？」閭太守驚叫起來：「大家說他是六祖惠能大師的第五代傳人，開禪宗潙仰一派，現在人人皆知啊！」

「是的！當時他還很年輕，大約二十三、四歲，可是言談之間，已經表現得很不凡了。」

閭太守實在太好奇了，忍不住插嘴問：「他來了以後發生了什麼事？他和寒山、拾得之間有什麼過從呢？」

道翹法師搖搖頭：「據我所知是沒有的！」

但是，有一次，道翹與靈佑談完話後，靈佑突然問道：「請教老師父，貴寺院裡，有修苦行的頭陀❷嗎？」

「沒有。」道翹老實回答：「本寺雖然生活清苦，但是不特別主張苦行。」

靈佑聽了後，點點頭，表示了解，但卻喃喃地自言自語了起來：「那麼……那兩位頭陀是誰？他們爲什麼要說那些話呢？」

道翹一聽，發現這話裡有玄機，於是跟著問：「你遇到什麼事了？需要我們幫忙嗎？」

「那一天，」靈佑禪師慢慢地回想著：「就是我上山的那天，走到山腰上，突然聽到虎嘯聲……。」

靈佑走到松門，也就是道翹曾遇見豐干虎嘯而行的地方。松門附近向來有虎，但是牠們通常只會吼幾聲，很少出來傷人。

當時，靈佑並不覺得害怕。可是，他往前走了幾步後，路旁突然跳出一位頭陀，擋住他的去路，作個揖，問過訊，開口問：「禪師，靈山法會一別後，咱們多久沒見面了呀？」

靈佑看看這位出家人，行的雖是佛門的儀規，模樣卻是吊兒郎當的，所以只是對他作個揖，繼續往前走。

結果，當他快接近三門時，又有另一位頭陀，舉著禪杖，從柱子後面跳出來，大喊道：「這是什麼？」

靈佑除了有點受驚外，並不知道他指的是什麼，也不知道該如何反應？只好又作個揖，低頭再往前走。沒想到，先前的那位頭陀從後面追上來，對舉禪杖的頭陀說：「算了吧！算了吧！自從靈山法會大家分別後，他已經當了三次國王了，早就把所有的事情都忘光光囉！」

聽到這句話，靈佑禪師的心頭蹦然一跳。那兩位頭陀的對話讓他心驚，可是他倆自己說完後，卻又嘻嘻哈哈的，牽著手鑽進路旁的樹林裡，很快就消失不見了……。

道翹法師說到這裡，頓了一下：「聽完這些，我猜想起來，是不是寺院裡藏有什麼羅漢或大善知識和靈佑有緣，想適時點化他一下？」

閭太守又忍不住了，開口問：「結果呢?是誰?」

道翹法師沒作聲，從椅子上站起來，慢慢地走到窗戶邊，看起窗外的景色。他那副悠哉的模樣，可把性急的閭太守急壞了，搓著手，緊緊地跟在後面，不敢放過任何枝節。道翹法師瞪了好一會兒窗外後，才又開口道……。

當時，正好有位小沙彌進來倒茶水，聽到靈佑禪師的話語，噗嗤一聲，笑出聲說：「那兩個人是寒山、拾得啦!哪是什麼頭陀!」

道翹和靈佑很訝異，異口同聲地問：「你怎麼知道?你看到了嗎?」

小沙彌笑得合不攏嘴：「禪師要來的前一天，我們聽到寒山和拾得兩個人，在廚房裡嘰嘰咕咕地說：『明天，靈佑就要來了，我們要不要去迎接他呀?』

「有一個說：『好呀，那麼久沒見了，我們就去接他吧!』

「另一個又說：『我們就到松門接他。那裡一向多虎，我們先裝幾聲虎嘯給他聽。』

「所以，我一聽禪師說有虎嘯聲，就知道是寒山、拾得扮的了。而且，原來我們不曉得他倆說的是誰，直到第二天，您就來掛單了。因此，我們大家還說，寒山、拾得有未卜先知的能力呢！」

「未卜先知？」閭太守心裡想：「這兩位菩薩何止有這種能力而已，未免太小看他們了吧！」

倒是道翹法師，說到這裡，眼眶又紅了起來：「讓人難過的是，當時靈佑禪師和我聽了這話，只是心裡一震，也沒有什麼特別的感覺。現在回想起來，才知道他們早就在提醒我們：六道輪迴可怕啊！一轉世，什麼都忘光光啦！」

❖註釋❖

❶掛單：原指出家人將衣缽掛於堂內掛勾上的動作，後引申為依住在某寺院的意思。

❷頭陀：苦行之一。棄離對食、衣、住、行的貪執，以修練身心。

11

寒山與趙州

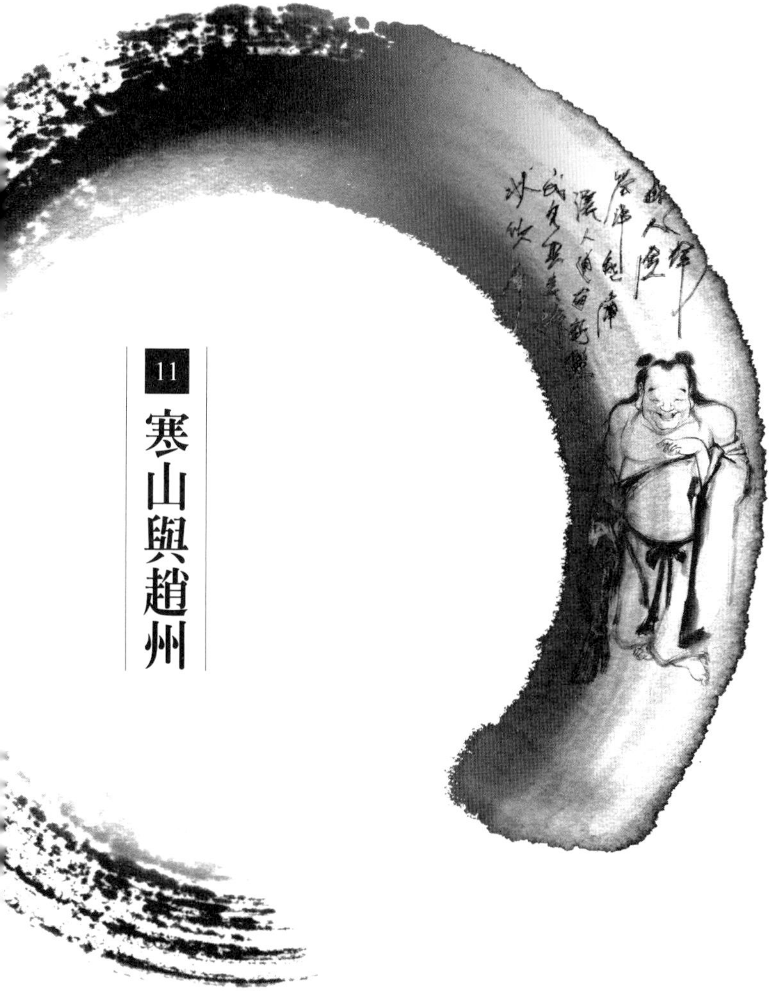

話說閭太守自從上山尋找寒山、拾得兩位大士，未得親臨教誨，卻教寒山避入寒巖，從此不再露面後，閭太守只好埋首於整理寒山的詩稿，不知不覺間，時間已由溫暖的春天，走入蕭瑟的秋天。

國清寺雖處在背風的山坳，但是秋天的腳步並沒有放過它。滿山枯黃的樹葉，在呼呼的秋風中，瑟瑟地響著，更加添了寒意，也讓國清寺顯出另一番風貌。

這一天，天色陰暗，閭太守仍然頂著風上山來，關在小房間裡整理詩稿。因爲天氣日漸寒冷，道翹法師派了一位小沙彌送來一個小火爐，讓房間暖和點兒。

負責送火爐的小沙彌，慢吞吞地弄著小火爐，幾度抬頭看看工作中的閭太守，嘴巴張開又閉起來，好似有話要說，又有什麼困難。閭太守因爲專心於工作，沒注意到這種情況，但是眼尖的管家注意到了，他等小沙彌安置好火爐後，把他拉到一旁，輕聲地問：「方丈還交代什麼事嗎？」

小沙彌吞吞吐吐地說：「師父沒交代，是……。」

「沒事就好。」不喜歡囉嗦的管家截斷他的話：「謝謝你！如果有事，我再請教你。」

管家一邊說，一邊把小沙彌推到門口。小沙彌一臉著急，眼睛望向管家背後的閭太守，嘴裡尖聲起來：「可是我有個寒山的故事要說給太守聽。」

原本埋首工作的閭太守，一聽到這話，頭立刻抬了起來，眼睛發亮：「寒山的故事？快說給我聽。」

小沙彌立刻被管家用笑臉請了回來，安座在一張大椅子上。閭太守滿臉期盼，拖了椅子坐在他的對面，急急地問：「是寒山和誰的故事？」

受到這麼隆重的待遇，小沙彌一下子很不習慣，大椅子好像針氈一樣，讓他很不舒服，扭來動去，搞了好久，才可以開口說話。可是他才要開口，又看到閭太守期待的大眼睛，竟有些語無倫次：「其實，事情不是我親眼看到的，是我聽來的。」

閭太守知道自己所造成的壓力，身子往後靠回椅背，故作輕鬆地說：「沒關係，聽說的也很好。你慢慢地說。」

其實，他心裡眞希望小沙彌快快說完。

小沙彌把這話當眞，抓抓頭、眼睛瞪向屋頂，又撓撓耳後，挪挪屁股，一副努力想如何開始的樣子。那副慢吞吞的模樣，可把在一旁站著的管家急死了，眞恨不得替他說了。

好不容易，小沙彌終於重新開口了。

「好像是兩年前吧！應該是兩年前……，沒錯！確定就是兩年前。」

唉！這叫什麼開場白呀！心急的管家暗暗地捏一把自己的大腿，才沒叫自己嘆出聲來。

「有一天，寺裡來了一個很年輕的比丘，大概只有十七、八歲。我呢？大概只有這麼高。」小沙彌一邊說，一邊用手比到管家腰際的高度。

說眞的，閭太守不是很想知道小沙彌到底有多高，他關心的是，這個年輕的比丘和寒山、拾得又有什麼關係了。但是，他也知道，人不可貌相，尤其是經過寒山、拾得的事情後，他更不敢輕慢任何人，所以他還是嘴角揚起微笑，點點頭。

小沙彌繼續比手畫腳地描述：「他說，他法號從諗，師父是南泉禪師，已經受完具足戒❶，現在出來參學。他介紹完自己時，我好佩服他喲！才剛受完具足戒，就可以遊方、參學，以後我長大了，也要這個樣子。」

說了這麼多，好像跟寒山還沒有關係，閭太守不得不打斷他的話：「他來這裡和寒山、拾得說過話嗎？」

「應該是沒有，因爲他只來了半個月，要離開的前一天晚上，大家在寮房準備就寢時，他問一位師兄說：『我們寺裡有頭陀嗎？』

「那時，寒山、拾得披頭散髮，吃大家的剩菜，修的好像是頭陀行，但是我們大家卻沒把他們列入頭陀的行列，從不認爲他們是頭陀。」

閭太守點點頭，同意他的話。若不是豐干禪師說出來，大家恐怕一直把他倆當成是瘋癲的人吧！

「我因爲很佩服他，於是就追著問：『你找頭陀做什麼？』

「他回答：『沒做什麼！只是我上山來的那天，有個頭陀陪我走了一段路，說了一些奇怪的話。我以爲他是寺裡的僧眾，一直想找個機會再問問他，可是我在這裡這麼多天，卻從來沒見過他，所以覺得很奇怪。』」

說了一些奇怪的話？閭太守不由自主地前傾身子，將耳朵豎尖。

小沙彌則一副早知如此表情：「我一聽，就知道他說的是寒山、拾得他們之中的一個，但是我故意不作聲，想要聽他說……。」

＊＊＊

也是在松門那個地方，穿過一大片松林前往國清寺的時候，整條山路上只有從諗一個人。但是，就在接近山坳時，多了一個人的腳步聲，在他的身後響了起來。起先，從諗沒什麼在意，可是那腳步聲逐漸加快，很快地就趕上了他，和他並肩而行。他轉頭一看，看見一個戴著樺皮帽、腳著大木屐的人。

從諗禪師並沒把他當成出家人，因爲他沒有剃掉鬚髮，走路也沒有威儀。禪師心想，大概只是山下的村夫吧！

往國清寺的山路並不大，兩人並排走就會嫌小了一點。所以從諗就讓出路

來，走到旁邊的泥地上，因而注意到，泥地上有雜亂的牛腳印，一路往國清寺延伸而去。寒山一看到從諗注意到牛腳印，開口說話了：「你還認得這些牛嗎？」

這話說得眞是奇怪，從諗禪師聽了以後感到莫名其妙，一頭霧水。

然而，禪師還是老實地回答：「不認識！」

寒山搖搖頭說：「唉！怎麼不認識呢？這些腳印是那些證了羅漢果位❷的大德，遊天台山留下來的呀！」

從諗禪師不解地反問：「已經證了羅漢果的大德，不是了生脫死、脫離六道輪迴了嗎？怎麼還會轉世爲牛呢？」

寒山一聽，高舉雙手，仰臉向天，呼喊起來：「老天爺啊！老天爺啊！」他一連喊了好幾聲，那模樣和呼喊聲，惹得從諗禪師哈哈大笑起來。寒山一聽到從諗禪師大笑聲，立刻停下呼喊，轉頭問：「你怎麼了？爲什麼笑得那麼大聲？」

從諗禪師覺得很好玩，就學他的樣子，舉手仰天，呼喊：「老天爺啊！老天爺啊！」

沒想到，寒山一聽從諗禪師這樣呼喊，竟點頭稱讚起來：「唔！不錯！不錯！你這小娃兒，挺有大人作風的！」

說完，寒山往旁邊的樹林一鑽，又不見了。留下還高舉著雙手的從諗禪師，一臉茫然。

＊　＊　＊

小沙彌說到這裡，也是一臉茫然，抓著頭問：「寒山的話是什麼意思？您可以解釋給我聽嗎？」

被小沙彌這麼突然一問，閭太守支吾起來：「我也……大概是……。」

聰明的管家立刻將小沙彌牽下椅子，說道：「你知道的，如果寒山是大菩薩再來，爲了隱藏他的身分，他不得不裝出瘋瘋癲癲的樣子來。所以，他的話，總要想一想，才能眞正懂他的意思。太守也是一樣，得好好想。來，你先回去做你的事情，改天太守想到了，再告訴你。」

管家一邊安撫小沙彌，一邊把他送出房門。還加了一句：「咦？那你有沒有問過師父呢？也許老師父可以幫你解答喲！」

這些話，閭太守坐在椅子上聽得一清二楚，然而他也相信，道翹老法師如果聽到這個故事，一定又會搖頭、扼腕，大嘆：「當面錯過！當面錯過！」

而自己呢？根本不懂爲什麼寒山要突然呼喊起「老天爺」。

他只能用慚愧得無地自容來形容，垂頭喪氣地坐在椅子上，連爐子的火熄了都沒有覺察到。

而悄悄退回房間的管家，靜靜地站在窗戶邊，耳裡聽著呼呼作響的山風，心裡想道：「又變天了！唉！天有不測風雲啊！」

故事中，當年的從諗禪師後來成爲馬祖道一的及門弟子，六十歲後又遍訪黃檗、寶樹、鹽官、夾山等高僧，親自請教法益。後來住持河北趙州觀音院，被尊稱爲趙州禪師，享年一百二十歲。因爲大振禪宗，被皇帝追諡爲「眞際大師」，無怪乎寒山稱讚年輕的從諗禪師有「大人作風」。

❖註釋❖

❶具足戒：為比丘、比丘尼當受的戒，比丘二百五十戒，比丘尼三百四十八戒。

❷羅漢果位：小乘教派中最高的果位，指斷盡一切煩惱而值得供養的大聖者。

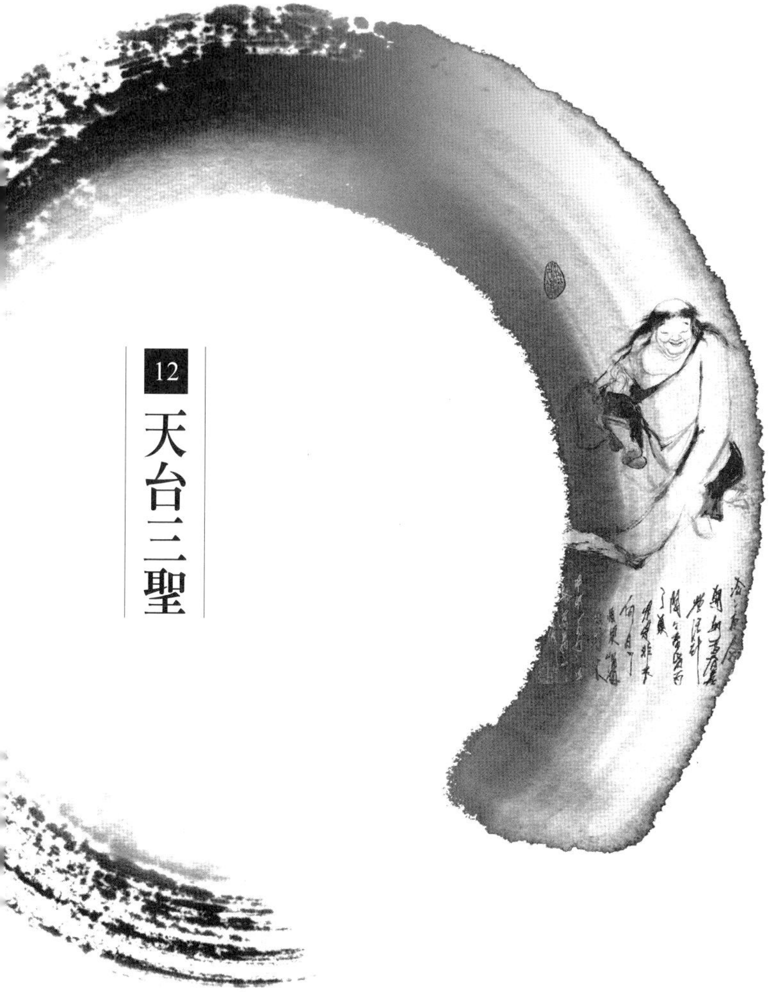

12 天台三聖

話說閭太守雖然有心面見寒山、拾得兩位大士，想不到他們兩位卻避入寒巖中，不再出來，連豐干禪師也不再回國清寺，從此消失了蹤影。這教閭太守搥胸頓足了好一段時間，大嘆自己福薄，只能和三位有一面之緣，無法將他們請到家裡來供養。

幸好，寺院裡的僧眾及他自己的家丁，到處蒐羅來的詩偈很多，讓閭太守在拜讀的同時，大大地提起警醒的心。加上許多人提供和寒山、拾得相處的經驗，更是教閭太守覺得不可多得。

而經過多日的彙集和整理，可以找到的詩偈，大概都已抄錄完畢。閭太守爲了讓寒山的詩偈可以流傳後世，而不被誤認爲是鄉野俚語之作，想在篇頭寫一篇序文，做爲見證。

但是，自古以來，爲人寫序，總免不了要提一提作者的籍貫、出身……等類的話，好讓讀的人在未讀文章之前，對作者有個概括的認識，相對地才能了解文章的來龍去脈。

所以，閭太守也不敢例外，想在序文中交代寒山、拾得及豐干禪師的身

世。沒想到，當他追究起這件事情時，頭痛的毛病差點兒又犯了起來。

原來，這三位之中，就屬拾得還算能夠說得出來歷，因爲他是豐干禪師在路上撿回來的。至於豐干禪師何時來到國清寺？來的時候戒臘❶多少？在國清寺舂米幾年？何時離開？根本沒有人可以說清楚。

而寒山的身世更是撲朔迷離，沒人可以說得上來。在大家的印象裡，他就是一個來無影、去無蹤的人物，好像除了拾得，誰也不知道他什麼時候會來？什麼時候該走？

閭太守愁眉苦臉了好幾天，沒辦法只有老實地交代：「詳夫寒山子者，不知何許人也，自古老見之，皆謂貧人風狂之士……。」

洋洋灑灑地寫了一、兩千字，取名爲〈三聖詩集序〉。末後，他還寫一首贊文做爲結尾，除了表示自己對三位的誠敬外，也提醒後世，佛菩薩的化身有千百億，我們身邊的每個人都有可能是菩薩應化而來。所以，千萬不能以貌取人，對一切眾生都要像對待菩薩那樣謙虛誠懇，更重要的是一份感恩心。

閭太守於是寫下：

菩薩遯跡，示同貧士。獨居寒山，自樂其志。
貌悴形枯，布裘敝止。出言成章，諦實至理。
凡人不測，謂風狂子。時來天台，入國清寺。
徐步長廊，呵呵撫指。或走或立，喃喃獨語。
所食廚中，殘飯菜滓。吟偈悲哀，僧俗咄捶。
都不動搖，時人自恥。作用自在，凡愚難值。
即出一言，頓祛塵累。是故國清，圖寫儀軌。
永劫供養，長為弟子。昔居寒山，時來茲地。
稽首文殊，寒山之士。南無普賢，拾得定是。
聊申贊嘆，願超生死。

寫完贊文，閭太守擲筆長嘆，彷彿陪著風狂三聖僧寒山、拾得、豐干走過長長的一段路，心中無限唏噓！

❖註釋❖

❶戒臘：又稱僧臘或法臘，即比丘（尼）受戒後經過的年歲。

13 幾則小故事

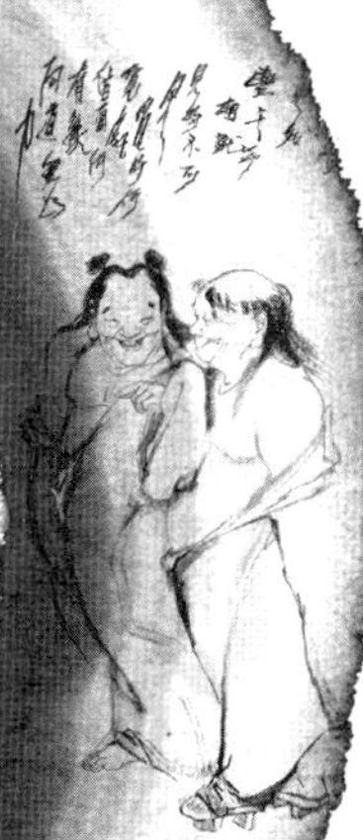

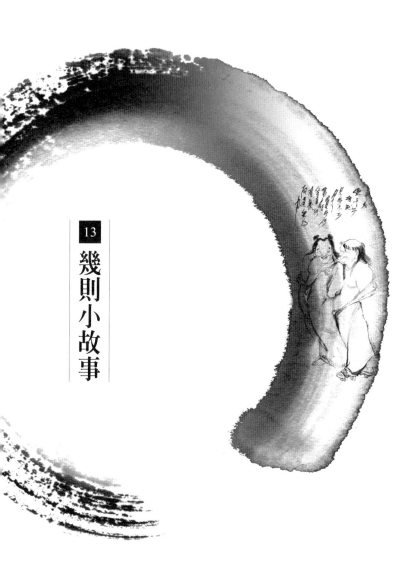

雖然許多人即使對豐干禪師與寒山、拾得的生平知道得很少，但是並不表示對他們完全不了解。因爲，他們所傳下的許多發人深醒的詩偈及小故事，是非常值得我們用心參詳的，比如下面幾則「豐干、寒山與拾得」的故事……。

＊　＊　＊

經常騎虎四出雲遊的豐干禪師，一日在松林中漫遊時，遠遠聽見小孩的啼哭聲。他覺得很奇怪，這荒郊野外之地，平常只有猛虎野獸出沒，罕有人跡，怎會有一個小孩獨自在這兒哭泣呢？他尋尋覓覓，終於看見那個躲在樹下，哭得涕淚縱橫的小男孩。

男孩看見有人騎在虎背上，朝他走來，臉上的淚水還未乾，就破涕而笑了。

「孩子，你爲什麼一個人坐在這兒哭呢？你的爹娘在哪兒？」

「我不知道！」小男孩坐在地上，傻楞楞地搖著頭。

「那你叫什麼名字？今年多大？家住哪裡？」

「我不知道！」小男孩又一臉無辜地搖著頭。

「那麼，你一個人在這兒，難道不怕大老虎跳出來把你吃了嗎？」豐干又問。

小男孩歪頭想了想，從地上跳起來，跑到豐干的腳下，仰頭道：「我也想騎虎，你可不可以讓我騎一下？」

豐干嚇了一跳，這個小男孩看起來也不過十來歲，居然想騎上虎背，太冒險了吧！

「你看清楚了，這可是會吃人的老虎，不是玩兒的。」

「我不怕，讓我騎一騎！」小男孩說。

豐干禪師猶豫了一下，遂說：「好吧！不過，摔下來可別怪我！」說完，他跳下來，將小男孩抱到虎背上。男孩一騎上去，用手輕拍虎背，貼近虎耳旁低聲說了幾句話，虎子竟然溫馴地像隻小貓一樣，乖乖讓他騎。小男孩開心地騎了好幾圈，才停住回頭問豐干：「和尚，你看我騎得如何？」

豐干心中讚歎不已，心想，這男孩子還真有「虎膽」，可見是個奇才。

「和尚，我跟你去吧！」小男孩高高在上地說。

「跟著我，只能在國清寺的廚房吃些剩菜剩飯。」

「那無所謂，總比沒得吃好。」

「那好。」豐干禪師也跳上虎背，兩人一起往國清寺的方向騎去。

回到國清寺後所發生的事，就如眾人所知，豐干將松林中撿回的棄兒取名「拾得」，而「拾得」也很快地和寺內僧眾「打成一片」，過著「如魚得水」的生活。

* * *

一天，有人看見豐干與寒山站在廊下，一個臉紅得像醬瓜，一個脖子粗得像柱子。旁觀的人看了都不知道是怎麼回事，細聽之下，才知道是在辯論

著什麼。

豐干說：「你到底去是不去？」

寒山說：「不去，不去，你要我說幾遍才懂？」

豐干說：「去，就是我的朋友；不去，就不是我的朋友。」

寒山搔搔頭、摸摸耳，道：「還是不去。」

豐干說：「那好，你不是我的朋友。」

寒山一聽，忍不住跺腳道：「好好兒去五台山要做什麼呢？」

豐干說：「去禮拜文殊菩薩啊！」

寒山立刻答：「那你不是我的朋友。」

原來，一個堅持要去，一個肯定不去。問題是，要去的人，爲何堅持要去？不去的人，爲何又肯定不去？五台山的文殊菩薩，對傳聞中爲文殊菩薩化身的寒山大士，又有什麼特殊意義呢？這些問題，恐怕只能問寒山與豐干本人，才能知道了。

寒山自寒山
拾得自拾得
凡愚豈見知
豐干却相識
見時不可見
覓時何處覓
借問有何緣
向道無為力

维摩之印
凯渡

无乐法
居士
老僧
名僧句
童僧向
相似
古人心
我如见观
祸别尽
得
身岁身
得后见
别
名此黑

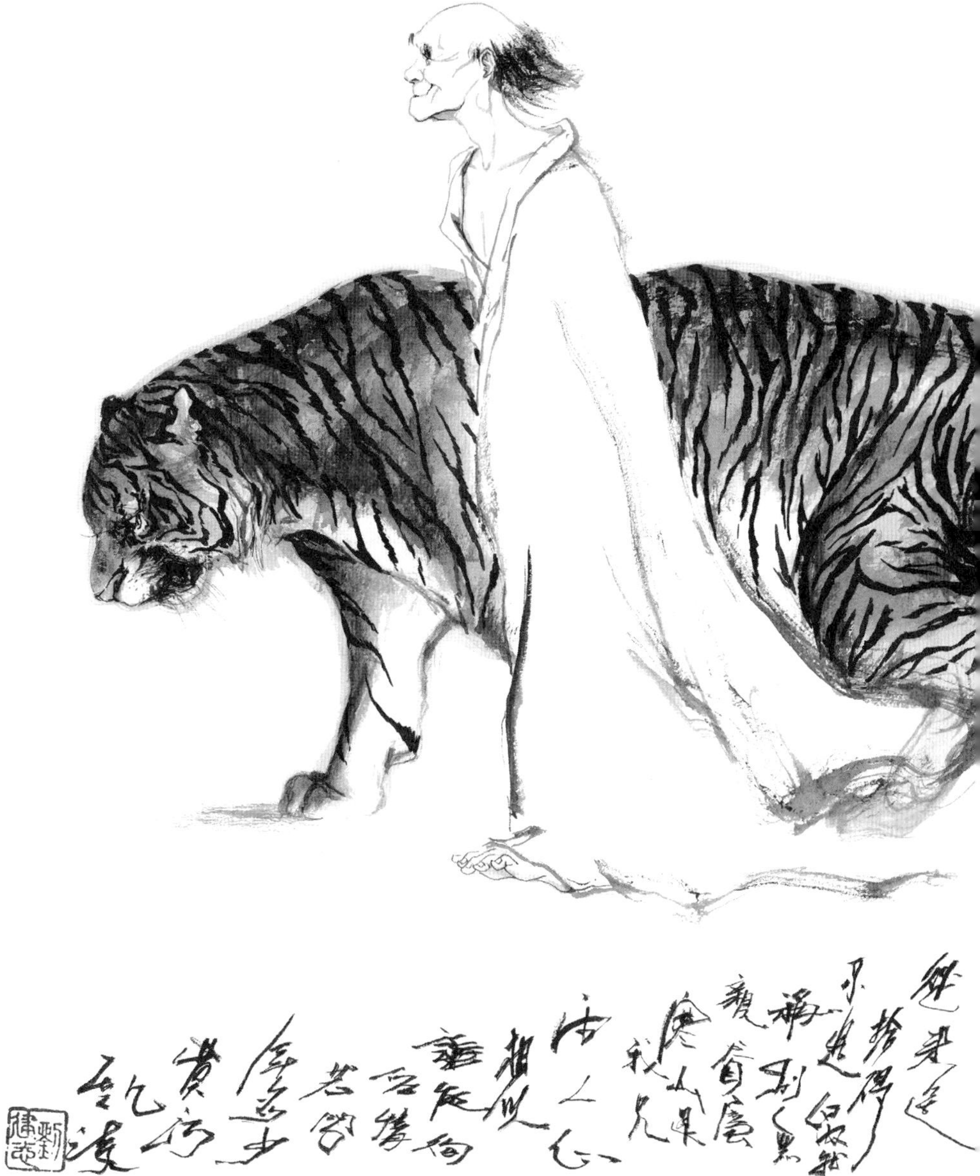

✻ ✻ ✻

寒山與拾得雖然與別人都沒有什麼特別的往來，但獨獨與豐干禪師特別親近。他們的關係亦師亦友，常常有機鋒頓現的答辯發生。

一日三個人同聚一室，寒山提了一個問題：「古鏡不磨，如何照燭？」

豐干禪師答：「冰壺無影像，猿猴採水月。」

寒山說：「那就是不照燭囉！」

說完，他又請豐干再說得更詳細一點兒。

豐干禪師只淺淺地說了一句：「萬德不將來，教我道什麼？」

這個公案與唐朝六祖惠能與神秀禪師的一段公案有異曲同工之妙。

黃梅馮墓山東禪寺的上座神秀禪師以一首：

身是菩提樹，心如明鏡台。
時時勤拂拭，勿使惹塵埃。

得到眾人的欽佩。而不識字的惠能卻以這一首：

菩提本無樹，明鏡亦非台。

本來無一物，何處惹塵埃？

受到五祖弘忍的印可，傳授心法成爲禪宗六祖。寒山以「古鏡不磨，如何照燭」？提出和神秀的「時時勤拂拭」一樣的見解，提醒修行人愼勿放逸，兢兢業業，保持古鏡的明亮，才能隨時照見本心。

豐干卻提出「冰壺無影像，猿猴探水月」的觀念，點出惠能大師所說「本來無一物」的境界，警惕寒山、拾得修行勿心外求法。當寒山還要再問下去時，豐干禪師亦不願多說，只提醒他們多回到自己的本心。

寒山、拾得對於豐干禪師的開示，感到非常歡喜，聽完後，兩人都跪在地上頂禮一番。

從這個故事中可以看出，當時人們眼中叫噪謾罵，毫無禮數威儀的「風狂子」，並不是如外相那般輕狂，相反的，他們對佛法的用心，不管在觀念或體證上都有非常深厚的內涵。

關於豐干禪師與寒山、拾得的往來，還有一首詩中可以說明：

余自來天台，曾經幾萬迴。
一身如雲水，悠悠任去來。
逍遙絕無鬧，忘機隆佛道。
世間岐路心，眾生多煩惱。
兀兀沉浪海，漂漂輪三界。
可惜一靈物，無始被境埋。
電光瞥然起，生死紛塵埃。
寒山特相訪，拾得常往來。
論心話明月，太虛廓無礙。
法界即無邊，一法普遍該。

這一首詩是豐干所作。詩中所描寫的，是豐干、寒山與拾得三人的高潔清亮的友誼。雖然，豐干、寒山與拾得因爲他們的機鋒妙語及出神入化的行爲，已經被閭太守及道翹法師等人認爲是菩薩化現於世，但是這詩中所顯露的眞情，卻與神話無關。

那是一份安然自在、清明靈性的道情法愛，在天台山的絕巖、石牆、松林、碧溪中，在十方法界遍虛空中，豐干、寒山與拾得自在的琅琅吟詩聲，穿越時空無遠弗屆。

佛學視窗

- 時代背景
- 寒山大士的詩及其特色
- 寒山大士的影響
- 寒山詩賞析

時代背景

傳說寒山大士是文殊菩薩的化身，與豐干（阿彌陀佛的化身）、拾得（普賢菩薩的化身）號稱三聖。有關他們三人的身世，歷史上的記載非常模糊，而且根本無法確定。但是，我們能肯定的事實是：寒山、豐干與拾得大士，都曾經居住在天台山的國清寺附近。國清寺的地點在天台縣北方十里的地方，舊名爲天台寺，隋開皇十八年（西元五九八年），爲智者大師所建，在隋煬帝大業元年（西元六〇五年）改名爲「國清寺」。而寒山大士所居的寒巖，距離國清寺約有七十多里，舊名爲「寒石山」。因此，他們被稱爲「國清三隱」。也因爲他們三人都是身世不詳、言行奇特的隱者，再加上所流傳下來的傳奇故事，所以他們在佛教徒的心中，被形容爲菩薩的示現，而淹沒了他們生活歷史的眞實性。

豐干禪師

又作封干禪師。他的生平事蹟及出生、往生的年代都無法考據，現存的兩篇詩篇，附載在寒山大士的詩集中。

拾得大士

相傳是豐干禪師偶然在路上遇到，因爲是無家的棄兒，所以將他帶到國清寺交給僧人扶養。長大以後，擔任寺院中的香燈及廚房的職事工作。他離去後，有人在寺內土地神廟的牆壁上，看到他所題的詩偈，也收錄在寒山大士的詩集中。

寒山大士

姓名不詳，由於他居住在天台山附近的寒巖洞窟中，所以稱爲「寒山」。他的生辰年代在史料記載上有不同的說法。根據《寒山子詩集》的後序，說他是太宗貞觀時代的人（西元六二七至六四九年），然而依據《太平廣記》中所記載的寒山子，他成了代宗大歷年間的人（西元七六六至七七九年）。此外，在《祖堂集》卷十六及《宋高僧傳》卷十一的記載，潙山靈佑禪師曾在天台山會見寒山大士；《古尊宿語錄》卷十四的紀錄，趙州從諗亦曾與寒山大士相互問答。近代人胡適考證，認爲寒山的時代，應該是在西元七〇〇至七八〇年之間；陳慧劍則認爲，應在西元五八〇至六八〇年之間。

然而，不論他出生的年代是如何，他極爲高壽且可能超過百歲，是可以推知的，這是因爲記載上他跨越了好幾代。此外，他在詩中提到：「老病殘年百有餘，面黃頭白好山居。布裘擁質隨緣過，豈羨人間巧樣模。」及「昔日經行處，今復七十年。故人無來往，埋在古塚間。余今頭已白，猶守片雲山。爲報後來者，何不讀古言？」可以證明。

由於寒山大士的生卒年代、籍貫里居，都無從考證，即使親眼看見寒山大士的人士如閭丘胤，都無法揭開謎團，因此後世許多歷史學家或文學批評家，都想從寒山大士的詩中去揣測寒山大士的出生、家庭生活及背景。因此，有人從寒山大士的詩中找出所謂的「自敍詩」，並推測認爲寒山大士由於少時兄弟不和睦、家室不寧、追求功名不成而流落，而後二度娶妻並開始學習道教的法術，老年妻子亡故以後，再轉而歸向佛法。其實，寒山大士的詩，有大部分是譬喻及勸世的詩。此外，他雖然隱居在寒巖，卻沒有憤世嫉俗的心態，並不像一般詩人是爲自我而詠歎，他詩中所要傳達的道理，不能只是以通俗學問的眼光來看待，也因此，我們不應該只是以第一人稱或史料的研究來看待他的作品。他的作品雖然引用了許多中國古聖先賢的典故，並兼引儒家、道家及佛家的學說，但是我們不能夠斷定他的修學歷程，就是由儒家、道家而佛家。我們充其量只能說，他的思想不但融會而且通達儒、釋、道三家。

總之，寒山大士的隱逸與高超，擺脫了時代及空間的限制與束縛。他的足跡也走出了世俗的牽絆。

寒山大士的詩及其特色

寒山大士的詩，共三卷。據傳是由唐朝國清寺的僧人道翹所收錄，主要是將寒山和拾得大士書寫在竹子、木頭、石頭、牆壁等上面的詩句，加以輯錄而成。裡面有五言詩二百八十五首、七言詩二十首、三言詩六首，共計三百一十一首，卷末並附有豐干禪師及拾得大士的詩，三人的詩合稱《三隱集》，卷首爲台州刺史閭丘胤所作的序文。本詩集在中國較重要的註解有：《寒山詩索頤》三卷、《寒山詩首書》三卷、《寒山詩管解》七卷，及近代人李誼的《禪家寒山詩註》等。在早期，大部分的註釋家及歷代的僧人，都把寒山大士的詩，當作宗教詩來研讀，尋找其中的宗教思想；而有些宋明新儒者，則把他的詩，當作玄理詩來讀；到了近代胡適、鄭振鐸等人，則把他做爲唐代白話詩的代表人物來研究。

嚴格地來說，寒山大士的作品不太受到中國傳統文學的接納，而且在中國詩壇中也不是公認的大家，甚至他被某些人認爲是不入流的詩人。但是這都不妨礙寒山詩的流傳，寒山大士的詩自有其喜愛的群眾，連號稱詩聖的杜甫，閱讀寒山大士的作品都自嘆不如。根據歷史記載，寒山大士的詩在九、十、十一世紀（唐代、五代、北宋時期）的中國民間是相當流行的。另外，他的作品在

日本有極高的評價，近代的日本學者，研究寒山詩的人相當多；而在二十世紀的美國，寒山大士的詩更是受到廣大的喜愛。

寒山大士的詩，無法完全歸類於中國詩家的任何一路，他是獨立於時代風尚之外的。他詩的特色，在於以活潑的口語、生動的方法，表達一種幽美的大自然情境，襯托出高深的人生哲學。用淺近的白話，把哲理融入生活中，他表達的是一種以天地爲廬舍、日月星辰爲照明、清風松泉爲伴侶、宇宙生命爲生命的情懷。他所寫的詩，明顯地呈現了他的生活哲學及人性的高貴，特別是他異於俗人的個性。我們可以說：他的生活就是哲理，他的哲學也就是他的生活，有不少人讚歎寒山詩的意境，對人生與大自然美感的捕捉及表現出人類心靈所能達到的徹底解放。更有人認爲他的詩，令人清涼、喜悅、樂觀、堅定、自信、獨立、寬厚，單純且卓然不群。

從他的作品，我們可以看出，他寫詩的目的與志向不只是爲了寫「詩」，而是在指出一條通「道」，幫助人們體悟通達眞理。他不屬於世間的詩人，而是超越了的解脫者。由於經典的內容大多玄奧且不易理解，寒山大士特別獻身說法，要世人直探如來的心地，體悟本來的面目。寒山大士的詩提到：「若能會我詩，眞是如來母。」可說是讀寒山詩最好的鼓勵。

寒山大士的影響

寒山大士，可以說是中國歷史上最奇特、也最神祕的人物之一。他的一生兼具有儒生、詩人、道士，以及高僧的氣質。而他所表現的思想更具有老子、莊子的樸質放曠，有孔子的沉厚，有釋迦牟尼佛的深邃與浩瀚。他不只是身世令人迷惘，最特殊的是，我們很難將他定型。寒山大士的詩中，充滿了勸世的作品。從他所表現的豐富生活體驗，使人了解人間百態、人情冷暖，從而超脫俗情，他的作品表達了爲人處世的哲學與人生最高的價值。從他的詩裡，他表達了希望世人了悟人生，淡泊名利，要與世無爭，不要一再向外追逐的心情。而他本人的生活，就是實踐他自己人生哲學的最佳典範。他通過口語的詩偈，

令人反省與反悟，眞正地去覺察世相，深入自己的內心世界。

大士的詩文，自然灑脫、明白淺顯、通俗易懂。有的清韻，有的雅致，跳脫六朝以來豔麗綺靡的流弊，專力於心靈活動的提昇。由於他的詩非常平實質樸，除了宣說佛理外，也描寫世態人情、山水景物。這種看似平淡無奇，事實上卻意境幽深的詩風，對後來的王安石、蘇東坡、黃庭堅、陳師道等詩人，產生了深刻的影響。

寒山大士在國際文壇上，也具有特殊的地位。在日本，這幾百年來，寒山大士被公認是禪宗的大詩人，他的詩評價也相當高。在二十世紀的美國，曾有一群追求自然、鄙棄物質文明的年輕人，奉寒山大士爲偶像，而群起效法。近人胡適提倡白話文，覺得寒山大士繼承了王梵志的詩風，質樸淺白，將他奉爲唐初詩人，更大大地提高了寒山大士在中國文學史上的地位。而在宋朝朝廷所出版的《新唐書・藝文志》及《太平廣記》中，寒山被列在裡面，從這點可看出寒山大士在歷史上的地位與影響力。

相傳唐元和年間，寒山、拾得曾在江蘇省吳縣（今蘇州）西方楓橋鎮的楓橋寺結草庵居住。其後，希遷法師創立伽藍（佛教道場），號寒山寺，寺中供有寒山、拾得大士的石刻圖像。

清朝雍正十一年（西元一七三三年），封寒山大士爲「和聖」、拾得爲「合聖」，並稱爲「和合二聖」或「和合二仙」。

值得一提的是，豐干禪師在唐玄宗先天年間（西元七一二至七一三年）抵達長安，曾爲太守閭丘胤治病。在《景德傳燈錄》卷二十七及《禪苑蒙求》卷下都有記載閭丘胤因爲豐干禪師的指引而訪求寒山、拾得的事蹟，由是遂有「豐干饒舌」的趣談。

寒山詩賞析

寒山大士的詩給人有超脫的感覺。一般的詩人，詩境再高，大多是出於個人情感投射於生活環境而主觀的反應，容易有世間藝術的極限與限制。而寒山大士

所作的感物抒情詩，卻更多了一層大自然的生機與宇宙生生不息的光耀燦爛。

「千雲萬水間，中有一閒士。白日遊青山，夜歸巖下睡。倏爾過春秋，寂然無塵累。快哉何所依，靜若秋江水。」

「自樂平生道，煙蘿石洞間。野情多放曠，長伴白雲閒。有路不通世，無心孰可攀。石床孤夜坐，圓月上寒山。」

「高高峰頂上，四顧極無邊。獨坐無人知，孤月照寒泉。」

「日月如逝川，光陰石中火。任你天地移，我暢巖中坐。」

「閒自訪高僧，煙山萬萬層。師親指歸路，月掛一輪燈。」

「閒遊華頂上，天朗月光輝。四顧晴空裡，白雲同鶴飛。」

「杳杳寒山道，落落冷澗濱。啾啾常有鳥，寂寂更無人。淅淅風吹面，紛紛雪積身，朝朝不見日，歲歲不知春。」

「人問寒山道，寒山路不通。夏天冰未釋，日出霧朦朧。似我何由屆？與君心不同。君心若似我，還得到其中。」

字裡行間，處處顯出一種高遠空靈的情趣。所以，有人說：「寒山大士不僅是宇宙的詩人，簡直整個宇宙就是他，他就是這個宇宙。」而寒山大士詩中，有關佛理闡述的部分相當豐富，佛教的修持與悟道境界，在他的詩中可以深刻地體會到。如：

「說食終不飽，說衣不免寒。飽喫須是飯，著衣方免寒。不解審思量，只道求佛難。迴心即是佛，莫向外頭看。」

「我見黃河水，凡經幾度清。水流如急箭，人世若浮萍。癡屬根本業，無明煩惱坑。輪迴幾許劫，只爲造迷盲。」

「常聞釋迦佛，先受然燈記。然燈與釋迦，只論前後智。前後體非殊，異中無有異。一佛一切佛，心是如來地。」

他用白話作詩是有意的，他提到：「有箇王秀才，笑我詩多失。云不識蜂腰，仍不會鶴膝。平側不解壓，凡言取次出。我笑你作詩，如盲徒詠日。」又云：「有人笑我詩，我詩合典雅。不煩鄭氏箋，豈用毛公解。不恨會人稀，只爲知音寡。若遣趁宮商，余病莫能罷。忽遇明眼人，即自流天下。」他反對當時講求格律聲韻的詩風。他了解到他這種不懂「平側」，不會「蜂腰鶴膝」的

作品，是不會被當世所謂的文人欣賞的，但是他也肯定將來自己的作品，會被有眼光的人流傳到未來。

世態炎涼，人情冷暖，是變化無常的，寒山大士詩中透視人生，將眾生相，以淺白的幾句，就收入眼裡，他的本意，無非在警惕世人，引爲借鏡。

「世有一等愚，茫茫恰似驢。還解人言語，貪婬狀若豬。險歌難可測，實語卻成虛。誰能共伊語，令教莫此居。」

「心神用盡爲名利，百種貪婪進己軀。浮生幻化如燈燼，塚內埋身是有無。」

「東家一老婆，富來三五年。昔日貧於我，今笑我無錢。渠笑我在後，我笑渠在前。相笑儻不止，東邊復西邊。」

「不貪爲上謨」、「賢士不貪婪」。

「瞋是心中火，能燒功德林。欲行菩薩道，忍辱護眞心。」

「汝謂埋頭癡兀兀，愛向無明羅刹窟。再三勸你早修行，是你頑癡心恍惚。不肯信受寒山語，轉轉倍加業汨汨。直待斬首作兩段，方知自身奴賊物。」

「勸你休去來，莫惱他閻老。失腳入三途，粉骨遭千擣。長為地獄人，永隔今生道。勉你信余言，識取衣中寶。」

佛法中貪、瞋、癡是三毒，可惜世人不解，不種善因，只知道廣結惡果。

寒山大士在字裡行間，慈悲善巧的比喻與勸導，悲心流露無餘。

世間最難達到的境界，是生活單純、思想潔淨、境界昇華，而寒山大士的詩，這些特質都具備了。不但如此，他從人生的無常，指點出人們應該過的大道，是眞正的快樂，是修身養性、逍遙自在與安寧平和。

國家圖書館出版品預行編目資料

風狂三聖僧：寒山・拾得・豐干 / 林淑玟著；劉建志繪. -- 二版. -- 臺北市：法鼓文化, 2009. 12
面； 公分

ISBN 978-957-598-460-1(平裝)

224.515 98002821

高僧小說系列精選 9

風狂三聖僧——寒山・拾得・豐干

法鼓文化

著者／林淑玟
繪者／劉建志
出版／法鼓文化
總監／釋果賢
總編輯／陳重光
編輯／李金瑛、李書儀
佛學視窗／朱秀容
封面設計／兩隻老虎廣告設計有限公司
內頁美編／連紫吟、曹任華
地址／臺北市北投區公館路186號5樓
電話／(02)2893-4646 傳真／(02)2896-0731
網址／http://www.ddc.com.tw
E-mail／market@ddc.com.tw
讀者服務專線／(02)2896-1600
初版一刷／1997年8月
二版三刷／2021年5月
建議售價／新臺幣160元
郵撥帳號／50013371
戶名／財團法人法鼓山文教基金會—法鼓文化
北美經銷處／紐約東初禪寺
Chan Meditation Center (New York, USA)
Tel／(718)592-6593 Fax／(718)592-0717

◎本書如有缺頁、破損、裝訂錯誤，請寄回本社調換◎
有著作權，不可翻印